哲学就是爱智慧，哲学就是人生经济学。学哲学之后，思考会更有逻辑，可以用最少的时间达成最大的效果，从而把握自己的人生。

Western
Philosophy
Class

傅佩荣的
西方哲学课

西方哲学人物列表

一部 2600 年的极简西方哲学史

本书从西方哲学2600多年的发展历史中，选出120位台面上的重要哲学家，对他们的爱智成果做精要介绍。这120位西方哲学代表人物有着各自的时代与社会特色，有着各自的性格、志趣和信仰。本书的目标是要"照着讲"西方哲学，从古希腊与罗马时期开始，经过中世纪与近代的演变，直到现代的发展过程，按照哲学家的流派及思想脉络、思想演变，呈现了西方宇宙观、人生观、价值观如何形成、调适、变迁及走向。这是一本认识西方核心理念的文化手册，我们全部欣赏一遍之后，会觉得非常丰富而完整。

古代哲学

西方古代哲学，即古希腊哲学。它发源于公元前 6 世纪，绵延发展至公元 2 世纪，相当于中国的春秋时代中叶到东汉初期。古希腊哲学以爱奥尼亚为发源地，经由意大利南部，最后在雅典开花结果，是为古希腊三大哲学重镇。

苏格拉底是古希腊哲学的核心与分界线，在他之前有自然学派与辩士学派，在他之后出现了柏拉图与亚里士多德。苏格拉底之后，雅典成为西方哲学的神圣殿堂。从苏格拉底开始，哲学家须同时关注宇宙观、人生观与价值观。苏氏的弟子柏拉图与再传弟子亚里士多德，两人各抒己见，留下丰富的著作，形成理性至上与经验优先两大系统，影响及启发西方哲学直到今天。

泰勒斯

(Thales，约 624—546 B.C.)

古希腊第一位哲学家，西方哲学之父。

观点 1 **万物的起源是水。**泰勒斯用水这种物质来解释万物的来源，而不再用神话来解释。这句话标志着西方开始用理性思考万物的本质，探索万物的起源成为古希腊哲学的重要命题之一。重要的是泰勒斯的思考模式，他用一统合多，这正是理性的基本功能，泰勒斯由此写下西方哲学史的第一页。

观点 2 **万物都充满神明，我家厨房也有。**泰勒斯要将神明请下神坛，从而使人的理性摆脱神明的束缚，可以进行独立的思考。

赫拉克利特

(Heraclitus，535—475 B.C.)

古希腊哲学家，被称为"晦涩的哲学家"，尼采称他永远不会过时。

观点 1 **万物起源于火，而不是水。**火是万物的象征，火是万物的本质。

观点 2 **万物皆有"逻各斯"，但它善于隐藏。**逻各斯逐渐取代希腊神明的主宰地位，人可以运用理性在一定程度上了解隐藏在背后的逻各斯。

观点 3 **你不能两次把脚踏进同一条河流。**万物一直处于流转变化之中。

色诺芬尼

(Xenophanes，约 570—475 B.C.)

古希腊哲学家，爱利亚学派。

观点 **神是人类想象的结果，宗教成为人类主观愿望的投射。**这一论断成为后世批判宗教共享的说法。近代西方哲学唯物论代表费尔巴哈进一步延伸说：不是神造了人，而是人造了神。

毕达哥拉斯

(Pythagoras，约 571—497 B.C.)

古希腊哲学家、数学家、宗教家。毕达哥拉斯学派。

观点 1   **万物的起源是数字**。人类通常在认识任何事物时，形式比质料更优先也更重要。毕达哥拉斯是数学家，他认为数学所象征的正是宇宙的形式。

观点 2   **身体是人的质料，灵魂是人的形式**。身体只是灵魂的监狱，人生最重要的就是照顾灵魂，照顾灵魂的方法是研究数学、欣赏音乐以及沉思冥想。

巴门尼德

(Parmenides，514—? B.C.)

古希腊哲学家，埃利亚学派的主要代表人物。

观点   **存在只能由思想去把握**。能被思想的才是真正的存在，能被思想与真正的存在是同一回事。"**存在与思想的一致性原则**"是巴门尼德最主要的贡献。这一点启发了西方唯心论之父柏拉图，也启发德谟克利特提出原子论，建构了西方第一个唯物论系统。柏拉图与德谟克利特属于两种完全不同的思想，二者同源而异流。

芝诺

(Zeno of Elea，489—? B.C.)

古希腊哲学家，埃利亚学派，巴门尼德的学生，首创归谬法。

芝诺是诡辩的高手，**首创归谬法以及辩证法**，因为替巴门尼德辩护而提出很多有趣的悖论论证。亚里士多德的批评使得芝诺比他的老师巴门尼德还要有名，但又尊称他为"辩证法的发明人"；黑格尔也称赞芝诺"不愧为辩证法的创始人"。所谓"辩证法"，简单来说就是"正反合"，对话的正反方互相吸取对方观点中的优点，然后向上提升，形成一个新的观点，称之为"合"。

阿那克萨戈拉

(Anaxagoras of Clazomenae，500—428 B.C.)

古希腊哲学家，将哲学带到雅典的第一人。原属自然学派，后来受到巴门尼德的影响而进入一元论。

观点 1 **宇宙万物都由"同质体"所构成**，如此才能顺利转化。

观点 2 **"知性"是宇宙秩序的来源**。强调宇宙中应该有一个"知性"在安排一切，使宇宙显得有秩序。哲学家在探讨万物的性质时，已经由来源转向动力，再进一步就要转向目的了。一百多年后，亚里士多德根据质料、形式、动力、目的这四个词，提出了他重要的"形而上学"理论。

德谟克利特

(Democritus of Abdera，约 460—371 B.C.)

古希腊唯物哲学家，提出原子论，建构西方第一个唯物论系统。古希腊第一位百科全书式的学者。

观点 1 **宇宙万物都由原子构成**。真正存在的只有原子和虚空。原子的性质完全相同，它不可分割而且永远存在，它数量无限，形状和体积不定，排列方式也不相同，在虚空中聚散分合，由此形成宇宙万物的变化。

观点 2 **低调的人生态度**。对人生的实际状况做客观描述后，自然就知道怎样生活可以让自己过得平安、平静、平衡；主观上的自我修炼可以让自己获得快乐，减少不必要的烦恼。

普罗泰戈拉

(Protagoras of Abdera，482—411 B.C.)

古希腊哲学家，辩士学派的代表人物。

观点 1 **人是万物的尺度，他看起来存在的就存在，看起来不存在的就不存在**。这种说法容易引发相对主义，相对主义又容易引发怀疑主义。

观点 2 **一切判断因人而异，都是相对的，不能正确使用任何名称来称呼任何东西**。用来描述人间事物的任何词语都不是固定的，都是比较而言。

观点 3 **对于神明，我不知道他们是否存在，也不知道他们像什么样子，因为人生太过于短暂**。柏拉图批评他和辩士学派，讽刺他们是"贩卖精神杂货的掌柜"。

高尔吉亚

(Gorgias of Leontini，约 483—375 B.C.)

古希腊哲学家，辩士学派的代表人物。

观点 1 **没有东西存在**。对错是相对的，根本没有办法判断谁说的是正确的。这句话将辩士学派的相对主义推到怀疑主义的极致。

观点 2 **即使有东西存在，也不能被你认识**。思想的内容未见得可靠，所以存在的东西不一定能被你完全思想到。

观点 3 **即使有东西存在，也能被你认识，你也不能告诉别人**。人际沟通必须使用言语，所以始终会有各种困难。就算你告诉别人，别人也不见得听得懂。

苏格拉底

(Socrates，469—399 B.C.)

古希腊思想家、哲学家、教育家，古希腊哲学的核心与分界线，西方哲学的奠基者。

观点 1 **未经反省检查的人生，是不值得活的**。正确的思考方式可以转化为正确的行动，关键在于要思考，要了解。

观点 2 **别人都像我一样无知，却自以为有知**。苏格拉底在对话中思考，用反诘法、归纳法和辩证法探讨真理，成为西方哲学家的典型。

观点 3 **良心的声音只会说"不"**。人生的修炼要从真诚面对自己的良心开始，要倾听内心的声音。

观点 4 **无知是最大的罪恶**。知即是德，没有人明知故犯去做不该做的事，如果无德则代表不是真知。真知是由内而发的，出于内在的真知而去实践才叫"知德合一"，这样才能使整个生命的境界往上提升。

观点 5 **死亡就像是无梦的安眠**。或者是灵魂从身体的监狱中得到解脱，重获自由。

苏格拉底之后，古希腊哲学在雅典开花结果，雅典成为西方哲学的神圣殿堂。从苏格拉底开始，哲学家必须同时关注宇宙观、人生观与价值观。

柏拉图

(Plato，427—347 B.C.)

古代西方最重要的哲学家，留给后世的作品《对话录》是西方早期最完整的一部作品。

观点 1 **洞穴比喻**。靠感觉认识世界不可靠，要张开心灵之眼，让理性开始运作，勇敢地摆脱"幻想"和"相信"的心态，努力追求可靠的真理。

观点 2 **盖吉斯的戒指**。没有人心甘情愿去行善，没有人以行善为乐。脆弱的人性，禁不起检验，因此需要法律和教育。

观点 3 **法律是次佳的选择**。金律代表积极的作为，我自己愿意对别人行善，也希望别人这样对我。银律代表消极的作为，我自己不愿意碰到的事，我也不要对别人做。

观点 4 **让孩子心想事成，正是害了他**。教育孩子要学会内外兼顾，以及身心平衡；与群体要有良性的互动。

观点 5 **梦幻的理想国**。每个人都可以适材适所，在自己的固定位置上善度一生，并进行四大德行（明智、勇敢、节制、正义）的自我修炼。

观点 6 **艺术应该为人生服务**。艺术是艺术家对自己所见到的真理或真相的模仿。要预防坏的艺术，以免远离真理。要接近好的艺术，走向美善的人生。而掌握哲学，是辨别好的艺术、向好的艺术靠近的一个途径。

观点 7 **哲学就是练习死亡**。身体是灵魂的监狱，只有死亡才能使灵魂从身体中获得解放。

观点 8 **理型论**。理型是指一物的类型、规律或标准，人只能"发现"理型而不能"发明"理型。因此，柏拉图不是一般所谓的唯心论者。

观点 9 **柏拉图式的恋爱**。没有身体的接触，却可以想象对方的完美，并与自己本身的完美相对照，于是内心产生一种互相珍惜的感受。这是哲学家的爱。

观点 10 **爱是神圣的疯狂**。爱美就是爱智慧，所谓"美的上升阶梯"为：从爱个别的美的身体到一切身体之美；到灵魂之美；到法律和制度之美，它代表群体的秩序与和谐；然后到人类普遍向往的知识或学问之美；再到美之海洋；最后抵达美的知识，即了解美之所以为美。

观点 11 **幸福人生分六个层次**：适度满足自然的需求；快乐而不含痛苦；拥有知识和技能，可立足于社会；明智处世，言行适当；妥善安排生活，显示比例、完整与和谐；知德合一，由内到外表现中庸合宜之道。

柏拉图对后代的影响非常深远，美国哲学家爱默生说："柏拉图就是哲学，哲学就是柏拉图。"英国哲学家怀特海说："两千多年的西方哲学，不过是柏拉图思想的一系列注解而已。"

亚里士多德
（Aristotle，384-322 B.C.）

柏拉图最优秀的学生和柏拉图思想的发展者，亚历山大大帝的老师。代表作品是《形而上学》《伦理学》《诗学》。

观点 1　**吾爱吾师，吾更爱真理。**亚里士多德和柏拉图都把生命的意义当作爱智者的核心关怀。柏拉图重视理性和理想，亚里士多德则重视经验世界，强调不能离开具体的人理解人性。

观点 2　**定义法和十大范畴。**定义就是逻辑的一切，逻辑所谈的都是定义。亚氏通过归"类"和找出同类物之间的"种差"，提出标准的定义方式。亚里士多德最重要的贡献是提出"十大范畴"，对各种事物进行高度抽象和概括而形成最基本的概念。

观点 3　**三段论法。**亚氏逻辑的"三段论法"是标准的演绎法。所谓"三段"是指大前提、小前提以及结论，即先有概念，再进行判断，然后做推论。

观点 4　**四因说。**如果要肯定经验世界，最好的方法就是找出万物的原因。亚里士多德认为出万物的存在有四种原因：形式因、质料因、动力因、目的因。

观点 5　**第一个本身不动的推动者。**宇宙万物充满变化，变化过程都是从潜能走向实现，逐渐趋于完美。完美的最高境界就是"第一个本身不动的推动者"，即是哲学家的上帝。

观点 6　**形而上学。**物理学研究有形可见、充满变化的宇宙万物，形而上学研究无形可见、永不变化的永恒本体，要追求宇宙万物最后的、共同的根源。在亚氏看来，形而上学和神学没有差别。亚氏称"神"为"第一个本身不动的推动者"，他就是万物背后那个永恒不变的来源与归宿，亦即最后的本体。

观点 7　**德行是良好的习惯。**德行不是天生的，而是后天培养的气质。

观点 8　**悲剧理论**。悲剧的主角不是人，而是命运。悲剧的作用是引发怜悯与恐惧的心理，再将我们内心的情感加以净化。希腊悲剧对后代的影响极为深远，它塑造西方人实事求是的心态，进而引发科学革命。

亚氏的研究成果极为可观，在西方学术界可谓"前无古人"。柏拉图与亚里士多德先后左右了中世纪哲学的主流思想，在亚里士多德之后，希腊哲学主要的趋势是走向实践哲学，将哲学具体落实于人生，告诉大众如何才能获得幸福的生活。

安提斯泰尼
(Antisthenes，445—365 B.C.)

犬儒学派创始人，苏格拉底的学生，专擅破除各种流俗的价值观。

观点　**快乐在于节制**。看轻世俗名位和物质享受，不受流俗影响。德行就是节制欲望进行苦修，认为只有伦理知识最有价值，"伦理"就是教人如何做人处事，德行本身就足以带来幸福。安于原始粗野状态，排斥艺术和科学，认为快乐在于实践，不需要太多言语或知识。这种主张在一个乱世中很容易迎合大众的需要。

第欧根尼
(Diogenes，约 412—324 B.C.)

古希腊哲学家，犬儒学派代表人物。

观点　**请你走开，不要挡住我的阳光**。亚历山大大帝曾到雅典特意去拜访第欧根尼，希望能得到哲学家的开示。大帝走到第欧根尼所住的木桶边礼貌求教，第欧根尼却回应他这句名言。第欧根尼认为，所谓的"文明""文化"都是虚伪的装饰品。第欧根尼自称为狗，使"犬儒"一词开始流行，他要向动物学习，倡导原始的生活方式，以此对抗希腊文明。

第欧根尼自称为世界公民，要打破人间的各种隔阂藩篱。犬儒学派影响深远，后世卢梭曾言："文明是一切罪恶的来源。"

皮罗

(Pyrrho of Elis，约 360—270 B.C.)

古希腊哲学家，怀疑主义代表人物。

观点　**感觉不可靠，理智也不可靠，对一切都要存疑**。没有真假善恶之分，行动和信仰皆虚幻。不能相信任何客观的标准，对任何事都不动心，从而不为欲望所困，保持灵魂的平静。怀疑主义对当时许多重要的学派都加以批判，自身也永远在探索之中。

伊壁鸠鲁

(Epicurus，342—270 B.C.)

享乐主义的创始人，承袭德谟克利特的自然哲学。

观点 1　**人生短暂，就应该好好享受**。伊壁鸠鲁认同万物由原子和虚空构成，人的死亡是原子的分解。享乐主义强调，要用逻辑的方法了解自然界万物的情况；正确的知才能带来正确的行；若要过得快乐，就要懂得怎样计算。

观点 2　**享乐主义的快乐**。心理上的快乐远胜于身体上的快乐；真正的快乐不是积极地满足欲望，而是消极地减少欲望，过简单的生活，让自己免于痛苦和烦恼；行善比受人帮助更快乐。

观点 3　**享乐主义的快乐清单：友谊、自由、思想**。快乐来自于朋友间的默契、爱与尊重。人有自由，才能选择和把握自然的且必要的欲望，而且活得比较轻松。思想可以消除死亡、神明、疾病和贫困带来的不必要的困扰。最后，你还要学会如何计算苦与乐的效益，保持内心的知足。

伊壁鸠鲁强调：真正的幸福在于心灵的宁静与和谐。享乐主义的快乐并非字面所见的那样肤浅。

芝诺

(Zeno of Citium，336—264 B.C.)

斯多亚学派创始人，被称为斯多亚的芝诺。由他创建的斯多亚学派绵延了 500 多年，在晚期的罗马帝国时代大放异彩，此时出现塞涅卡、爱比克泰德以及罗马皇帝奥勒留三位代表人物。

观点 1　**向宇宙的规律看齐**。万物是一个整体，人应该向宇宙看齐。

观点 2   **坚守道德底线。**一切都是神的旨意，人不能阻止命运带来的快乐和痛苦，但可以主动改变对事件的判断及态度。斯多亚学派强调非善即恶，没有中间阶段。

斯多亚学派与伊壁鸠鲁学派的享乐主义针锋相对。享乐主义重视个人的享乐而不谈对社会的责任，能充分享用科技、艺术和文化产品。斯多亚学派重视个人对社会的责任而不谈享乐，强调理性、自然和命运。

西塞罗
(Marcus Tullius Cicero，106—43 B.C.)

罗马哲学家，折衷主义。代表作品是《论义务》。

观点 1   **折衷主义。**西塞罗的特长是将希腊思想巧妙而充分地介绍给罗马人，他的哲学作品适合普及大众；思想属于高档的心灵鸡汤；认为民间宗教需要净化，只须保留两点：神明是眷顾人的，人的灵魂是不死的。

观点 2   **四达德：明智、正义、雄心、节制。**西塞罗不仅改变了柏拉图"四枢德"的排列顺序，而且还更换了其中一个词。《论义务》一书对后代产生深远的影响。

罗马在军事上征服了希腊，在文化上却受到希腊的广泛影响，正是西塞罗将希腊哲学以通俗易懂的方式介绍给了罗马人。西塞罗真正的影响力表现在文艺复兴之后，启蒙运动的学者大力推崇西塞罗。

斐罗
(Philo，25 BC.—40 A.D.)

罗马初期的犹太哲学家，希腊化犹太哲学的首席代表人物。

斐罗的年代完全涵盖了耶稣一生短短的 33 年。斐罗作为犹太人派驻罗马大使，对于各种文化的冲突与影响有直接的了解，也能做出深刻的反省。他要设法协调希腊哲学和犹太教，他要找到神和世界的中介，说明神与世界的关系如何。

观点 1   **逻各斯是上帝创造世界的工具。**上帝是绝对超越的，你只能称他为存在。无限的上帝和有限的世界万物不可能有直接的联系，否则会对上帝的超越性产生干扰，因此逻各斯就成为上帝创造世界的中介和工具。上帝借着逻各斯创造世界是个渐进的流衍过程，就像光线由明亮而逐渐黯淡。

观点 2   **人生的目的是与神合一。** 斐罗要融合宗教与哲学，认为人生的目的是再度与上帝合而为一，因此人要修养品德，尽可能肖似上帝；要从感性与身体的枷锁中解放自己，甚至也要从理性中拯救自己。只有依靠神的恩典，才可使人上升到忘我入神的状态，这称为密契境界。

斐罗的观点对于新柏拉图主义的普罗提诺的思想很有启发，对于后来的基督宗教也有很大的启发。斐罗借鉴柏拉图的思想，后面的新柏拉图主义也借鉴斐罗的许多想法，斐罗相当于为新柏拉图主义开辟了坦途。

塞涅卡
(Seneca，4 B.C.—65 A.D.)

罗马哲学家，斯多亚学派重要代表。

罗马哲学重视实践，主张入世，希望人活在世界上，能够修养德行，并由此获得幸福。

观点 1   **勇敢面对命运。** 曾担任暴君尼禄的老师 15 年，后蒙冤而被迫自杀。塞涅卡充分显示出斯多亚学派的平静与自制，可以承受任何打击。

观点 2   **人人都可以进德修业。** 塞涅卡修正了早期斯多亚学派的严格主义，认为德行应该有修养的阶段，从不理想慢慢修养到理想，让所有人都有提升的机会。

观点 3   **何必为了生命的某一部分哭泣？全部生命的本身就是值得让人哭泣的。** 所谓"智慧"，就是分辨什么是可以改变的，什么是必须接受的。人还是自由的，可以自愿地、自发地接受必然的事情。

爱比克德
(Epictetus，约 50—约 135)

罗马哲学家，斯多亚学派的重要代表。代表作品《伦理学手册》。

观点 1   **修德的责任全在自己。** 理性是人区别于其他动物最宝贵的特色，理性就是理智、意志或良心。理智代表合理的思考，意志代表正确的抉择，良心代表人的本性对内心的要求，三者合称理性。

观点2 **进德的三个阶段**：第一接受告诫，第二接受训练，第三做正确的判断。哲学的教育就是要让自己进行真实的判断，以实现正确的意志。

观点3 **进行意志的训练**。爱比克泰德认为，善恶的本质在于意志，意志可以克服自身，此外没有东西可以克服它。训练意志是每个人能力范围之内的事，是一个人行善避恶的关键所在。

奥勒留
(Marcus Aurelius，121—180)

罗马皇帝，历史上唯一的帝王哲学家。代表作品《沉思录》。

观点1 **宇宙是一个整体，上帝是宇宙的灵魂**。奥勒留延续遵循斯多亚学派的一元论，这种一元论的思想很容易就演变为对世间万物普遍的爱。

观点2 **好公民必须奉行国家的礼仪**。罗马帝国是多神教，奥勒留作为罗马皇帝继续打压和迫害新出现的天主教（属于一神教），以免对国家的宗教领域产生危害。

观点3 **人是由身体、灵魂和知性所构成**。人的知性来自上帝，它让人有能力免于腐化。违背理性的命令和不道德，就是对神不虔诚。

观点4 **人生三大修养**。人有博爱众人的责任，要同情人的软弱之处；要发挥人的优越之处；人应该主动行善，成为真正的自己。

奥勒留发展了斯多亚学派的学说，接受一元论也接受多神教，同时试图突破本派的唯物论立场。

普罗提诺
(Plotinus，204—270)

普罗提诺是古希腊哲学的压轴人物，著名的新柏拉图主义的代表人物。从他之后进入中世纪哲学。

观点1 **流衍论**。普氏的学说构成一个系统，位于最高阶的是"太一"。上帝就是太一，他圆满而流衍出万物。普氏认为流衍论解决了柏拉图上下二界的二元分离状态，使其恢复为一个完整的系统。

观点2 **回归上帝的三条路径**。人生的目的就是要回归太一，要摆脱尘世的束缚和身体感官的欲望，让自己的灵魂不断净化，然后再往上提升。而回归太一有三条途径：第一是音乐，第二是爱，第三是哲学。

普罗提诺的新柏拉图主义要使灵魂进入密契经验，陷于神魂超拔的恍惚状态，认为这样才能窥见哲学的堂奥。

如何看待中世纪哲学？

　　谈到中世纪哲学，首先会想到基督宗教。基督宗教以信仰的力量在真空状态里承担起它的历史责任，维持社会稳定，保存了文化的命脉；基督宗教确立"一神论"的信仰系统，塑造了西方人的心灵；基督宗教特别关注个人责任、犯罪意识与脱离俗世之后的情况，正好针对人的痛苦、罪恶与死亡这三大奥秘，可以安顿当时一般人的心灵。

　　如果没有中世纪哲学，西方人恐怕只能继续发展伊壁鸠鲁学派和斯多亚学派；而且，中世纪哲学确实将古希腊哲学家柏拉图与亚里士多德的思想做了充分的应用和发挥。

　　中世纪哲学具有时间最长和创见最少的特点，哲学系统的建构也只为了配合基督宗教发展的需要。哲学是爱智慧，但中世纪的人相信只有在《圣经》里才能找到真正的智慧，信仰无异于智慧的体现。因此，**哲学成为神学的女仆**，以它的辩证思维能力为宗教服务，而缺少独立的地位。这就是中世纪被称作"黑暗时代"的重要原因。

犹斯丁

(Justin Martyr，110—165)

早期基督教哲学家、护教士，以雄辩闻名。

人类习惯用理性进行思考和判断，将不能理解的内容判定为荒谬。基督宗教的信仰在罗马帝国时代初期被认为是荒谬的，为此基督徒饱受迫害。当时，犹斯丁出来驳斥对基督徒的诬告指控，为基督宗教做了见证，在罗马从容殉教，含笑接受死亡。后世称他为"殉教者犹斯丁"。

观点　**信仰是因为荒谬**。如果信仰的内容不是荒谬的，就可以用理智充分掌握它，这属于知识范围而与信仰无关。犹斯丁说："所谓的荒谬或不荒谬，不能只看理论或者理性的思考能不能想得通，还要进一步看它在生活上所造成的改变。"

奥利金

(Origen，185—254)

基督宗教初期有所谓的"教父哲学"，设法用哲学来为他们的宗教信仰辩护。奥利金创建了中世纪教父哲学的第一个学派，成为第一个教父哲学家。

观点　**万物复原论**。上帝创造世界万物，万物最后都会复原，即回到原始的完美状态（上帝的怀抱）。万物复原论并没有成为天主教的主流思想。

德尔图良

(Tertullian，160—225)

教父哲学初期哲学家，北非的教父。

观点 1　**哲学与宗教不可调和**。德尔图良在哲学史上以严格区分希腊哲学和基督宗教而闻名。德尔图良认为，希腊哲学用理性追求真理，基督宗教有上帝明白宣示真理。两者要严格区分，没有任何沟通的可能。

观点 2　**位格**。德尔图良首先使用拉丁文"面具"一词，以之代表具有知、情、意能力的主体，称为"位格"。基督宗教用"三位一体"来说明神的最大奥秘。

奥古斯丁

(Augustine，354— 430)

中世纪哲学家和神学家，教父哲学最重要的代表。代表作品《忏悔录》。

教父哲学在奥古斯丁这里得到最完整的发挥，其最主要特色就是把推论出的灵魂、真理与上帝都归结于《圣经》及教义系统。

观点 1   **若我受骗，则我存在**。我肯定自己存在，因为即使受骗，我也必须存在才能受骗。我的存在，不可怀疑。

观点 2   **恶是一种缺乏**。"原罪"是指罪的来源，"恶"是人的意志缺乏合理而正当的秩序，意志本该以上帝为目标，现在却以人间的名利权位为目标。

观点 3   **论灵魂与真理**。人的本质就是灵魂，他使用会腐朽的、在世俗生活的身体。灵魂渴望完美的幸福，而完美的幸福与上帝直接相关。以上帝作为基础的一切就是真理，最高的真理就是基督宗教的教义，相信基督宗教就可以获得拯救。

观点 4   **爱的伦理学**。奥古斯丁认为，人的一生是否有价值，要看他能否把爱充分发挥出来，价值要靠人的实践才能创造。一个人生下来只有潜在的价值（潜能），他必须不断地实践（实现）才能创造价值。从力量到爱，从爱到价值，这就是奥古斯丁爱的伦理学的基本框架。

奥古斯丁的主要工作是将新柏拉图主义与基督宗教做有机的结合，以人的内心世界作为主要的探讨对象，由此开启西方哲学史的新纪元。他是古代西方哲学界第一位对人性做出真诚而深刻反省的哲学家，很多人甚至将他与存在主义的思想联系起来。

波爱修斯

(Boethius，480—525)

中世纪初期的哲学家。代表作品《哲学的慰藉》。

观点   波爱修斯具有贵族世家背景，在各方面均取得令人敬佩的成就，却被冤枉下狱，后以叛国罪被处以死刑。他在狱中重新整理自己的哲学思维，著成《哲学的慰藉》，探讨命运、祸福、善恶等人生问题。

波爱修斯最大的学术贡献就是将亚里士多德的逻辑学传递给早期中世纪，把亚氏的《工具论》翻译成拉丁文并加以注释。他是亚里士多德著作传入西方哲学界的主要渠道，他曾计划把亚氏著作全部翻译成拉丁文，但只完成了逻辑学这一部分。

爱留根纳
(Eriugena，810—877)

罗马哲学家，经院哲学第一人。代表作品《论自然的区分》。

观点 **信仰应当服从理性。**教父哲学一致认为信仰高于理性、理性必须服从信仰，但爱留根纳却强调哲学和理性，首次明确提出"信仰应当服从理性"。但他的目的并非否定信仰，而是使信仰具有理性，使信仰与理性取得一致。

爱留根纳推崇理性和思维的精神，建立了中世纪第一个完整的哲学体系，成为这一时期独具一格的哲学家，被称为**"中世纪哲学之父"**。黑格尔认为，中世纪真正的哲学始于爱留根纳。

安瑟姆
(Anselm，1033—1109)

中世纪重要的哲学家，英国大主教。

中世纪哲学家都信仰天主教，他们想用理性的方式来证明上帝存在。有关上帝存在的证明有两套基本方法："先天论证"和"后天论证"。"先天论证"又称为"本体论证"，因为它不牵涉任何后天的经验。

观点 **本体论证。**安瑟姆从上帝的定义出发，对上帝存在提出本体论证。他说："所谓上帝，就是不能设想有比他更伟大的存在者。"只要你接受他对上帝的定义，就代表上帝非存在不可。本体论证在中世纪受到两方面的质疑，当时是法国神父高尼洛，200 年后是经院哲学最重要的代表托马斯，他提出了"后天论证"。

托马斯·阿奎那

(Thomas Aquinas，1225—1274)。

中世纪经院哲学的集大成者，古希腊哲学的影响力在此充分展现出来。

阿奎那综合百家，但以亚里士多德的思想为主，将宇宙、人生、价值方面的问题与基督宗教的信仰进行了协调。他的思想是"主知主义"，强调"理智优先"。比托马斯晚出生 40 年的司各脱，则强调"意志优先"。

观点 1 **后天论证**。后天论证是通过人类的经验和观察所提出的论证，从五条路线来证明上帝的存在。五路论证是中世纪哲学重要的成果，但都无法确证上帝的存在，受到许多后代哲学家的批判。

观点 2 **温和实在论**。温和实在论首先肯定世界客观实在，有独立存在的价值；接着肯定人也是客观的存在；更进一步，人可以认识这个世界。温和实在论将重点放在认识的过程与方法上，提出了三种描述上帝的方法（否定法、肯定法、模拟法）。

观点 3 **人生的幸福何在？** 托马斯肯定自然法则，人首先要保存和繁殖自身，还要追求真理，只有追求真理才能实现真正的人生幸福。他强调人所追求的幸福应该涵盖最终的目的，即你追求的善必须是目的而不是手段；这种善要涵盖人类生命的全部需要；真正的善只能是作为超越者的上帝。

托马斯将宗教启示与理性交互运用，建立了一套完整的世界观，他不断提醒人应该如何在世界上立足，并逐渐接近上帝。

司各脱

(John Duns Scotus，1265—1308)

中世纪经院哲学家、神学家，温和实在论者。

观点 1 **意志优先**，意志才是行动的主导力量。司各脱认为意志是人与上帝联合更直接的方法，他反对托马斯理智优于意志的观念。他有一句名言："高尚的人无论走到何处，身边总有一个坚强的护卫者，那就是良心，每个人的良心就是为他引航的最佳向导。"

观点 2 **善的定义**。从意志优先出发，自然会进入到对善的探讨：善的行为必须是自由的，被迫的行为没有道德价值；善的行为在客观上必须符合礼仪和法律；善的行为必须出于良好的动机和意图；善的行为手段必须合理正当。

西方哲学经过漫长的中世纪，终于得到对于"善"的明确定义，可以对人生有正面的启发。中世纪哲学走向结束阶段，哲学要逐渐找回自己独立的地位，哲学不再是神学的女仆。

艾克哈特师长
(Meister Eckhart，1260—1327)

中世纪后期重要的密契主义者，因一直从事教学工作被称为"艾克哈特师长"。

观点 1 **思辨的密契主义**。密契主义在教父哲学时代已经开始流传，艾克哈特属于"思辨的密契主义"，即靠哲学思辨来叙述自己的密契经验，这是他最具代表性的观念。艾克哈特擅长使用否定法来描述上帝，也擅长以辩证的方式来说明。他把神当作"理解本身"，人的理性分享了神的理解能力，人可以由学习、理解而觉悟，从而进入密契的境界。

观点 2 **心灵火花不会消失**。人的灵魂有火花，那就是人的理智能力。人灵魂里的理解能力是上帝的形象。他说："人的理智有如灵魂的火花，上面印着上帝的形象，使人可以通过这一路径达到与上帝的密接契合。"这就是艾克哈特"**灵魂火花**"的说法。

奥卡姆的威廉
(William of Ockham，1285—1349)

英国哲学家，原名奥卡姆的威廉，后世习惯称他为奥卡姆。

奥卡姆是虔诚的基督徒，他批判传统以来的形而上学，认为那些论证只有概然性。对于所有不必要的观念或描述，他都要用他的剃刀一一去除，成为中世纪后期维护基督宗教有关神的自由与全能的最有力代表。

观点 **奥卡姆的经验主义**：人对实在界的一切知识都植基于经验；在陈述任何事物时都要使用经济原则，不增加不必要的因素；如果有人设定了一些不必要的与不可观察的东西，那通常是受到语言的误导。他强调人很容易误用语言，后来有一种说法就认为**"哲学就是语言治疗学"**。

"奥卡姆的剃刀"成为哲学界的术语，英国经验主义的基本观念就来自于奥卡姆。奥卡姆的思想与托马斯分道扬镳，比较接近司各脱的立场，强调意志优先的观念。他认为人的主要特色在于自由，自由显然是以意志作为基础。

库萨的尼古拉
(Nicholas of Cusa，1401—1464)

中世纪后期枢机主教，积极推动天主教与东正教的统一。代表作品《天主教的协调》《论博学的无知》。

观点 1　　**博学的无知**。又称**有学识的无知**，这一说法在西方哲学界非常有名。人类理智的处境就是一种无知状态，一个人对自己的无知认识得愈多，他就愈博学。

观点 2　　**上帝就是"能力本身"**。尼古拉对于上帝有各种描述，最特别的就是把上帝当成"能力本身"。上帝不是世人可以理解的，他是永恒的活动，没有停止的问题。

观点 3　　**大宇宙和小宇宙**。尼古拉所谓的"大宇宙"就是上帝创造的整个宇宙，世界是一个由万物组成的和谐体系，万物彼此相关，也与整体相关，每一个个别事物都反映了整个宇宙。而人是最特别、最标准、最完美的"小宇宙"，可以反映大宇宙的每一个层次。

近代哲学

近代西方具备两个特色：一是科学取代宗教，成为知识的权威；二是人的理性和经验取代神学，成为了解宇宙和人生的主要依据。近代哲学的时间是从 15 世纪中叶横跨到 19 世纪中叶，400 年间出现了四大社会思潮和两大哲学阵营。

四大社会思潮是 15 世纪的文艺复兴运动、16 世纪的宗教改革运动、17 世纪的科学革命和 18 世纪的启蒙运动。两大哲学阵营是始于笛卡尔的理性论和始于培根的经验论，理性论的阵营位于欧洲大陆，经验论的大本营在英伦三岛。对近代西方哲学影响较大的是笛卡尔这一派，理性论一路发展影响到康德的思想。

15 世纪文艺复兴

　　文艺复兴的本质是世人开始认识到古希腊与罗马初期是有价值且独立的文明。复兴意味着要让过去的美好时代得以重生，而真正诞生的是一种人文主义的新思潮，它特别关注人性的价值与人格的尊严。文艺复兴最大的特色就是将中世纪当作"黑暗时代"，要恢复古典文明的光荣。

　　文艺复兴出现的背景是欧洲发生天灾，大瘟疫大幅削弱宗教信仰的力量，人的理性开始受到重视。欧洲开始广设大学，用理性来研究自然界，包括医学在内的各门学科都得到长足的发展。文艺复兴的另一个背景是宗教严重腐化，天主教内部的革新力量在努力呼吁变革，外部则逐渐酝酿为后来的宗教改革运动。

　　没有城市就没有文艺复兴，文艺复兴首先兴起于意大利，从 14 世纪中叶开始陆续发展，经过将近百年才传到欧洲北方的国家。

彼特拉克

(Petrarch，1304—1374)

文艺复兴第一人，批判当时流行的经院哲学。

彼特拉克要我们不再把哲学当作神学的女仆，也不要在经院哲学里从事思维的游戏，而将注意力转向人的实际生命，注意到人类除了理性之外，还有情感和想象，如此才是完整的人。

观点 他首次使用**"中世纪"**的称呼，并将**"黑暗时代"**加诸其上，从而使**"人文主义"**这一概念有了全新的生命。彼特拉克的思想显示出人文主义的特色，他经常提醒众人要思考。从此之后，世人开始对人的个性产生兴趣，个人的自我意识显著提高，涌现出愈来愈多的画像与自画像、传记与自传，成为文艺复兴运动的明显标志。

彼特拉克认为古代经典无需基督宗教的修正或补充，它们本身就有丰富的价值，此刻需要唤起大众对它们的记忆。他的方法是肯定古典，通过充分探讨古希腊与罗马初期作家的作品，使他们的精神价值得以重新展现。

费奇诺

(M. Ficino，1433—1499)

意大利文艺复兴早期的人文哲学家，新柏拉图主义的复兴者。

观点 **柏拉图哲学的复兴**。费奇诺负责由美第奇家族建立的柏拉图学院，并把《柏拉图全集》翻译成拉丁文。柏拉图的学说为当时的人文主义者提供一种哲学基础，既适合理性思考的习惯，也配合人心的愿望与需要。柏拉图哲学在柏拉图学院中得到了振兴，他们发现一个不属于基督宗教的精神传统，它在宗教的启发方面与道德的高度方面，并不逊色于基督宗教，并且由此重新提出一套关于人、自然界以及上帝的观念。

费奇诺的柏拉图学院培养出众多人才，其中有米兰多拉和米开朗基罗。

米兰多拉

(Mirandola，1463—1494)

意大利哲学家，人文主义者，费奇诺的学生。代表作品《论人的尊严》。

年仅 23 岁时写成《论人的尊严》，成为文艺复兴时期人文主义的宣言。

观点 **重新界定人的尊严。**《论人的尊严》既肯定上帝给人自由选择的机会与自我改造的能力，也肯定古希腊时代对生而为人的荣耀感，提高人的精神向度与理智能力，且未受到《圣经》中原罪的污染，西方人心中开始涌现出"新的人"这样的观念。米兰多拉肯定人的尊严，重视人性正面、光明而伟大的潜能，让人印象深刻。这种"新的人"的观念在中世纪是难以想象的。

米兰多拉将不同传统的优点巧妙融为一炉，使柏拉图学说变成新的福音书。这样的人文主义给人以新的尊严，给自然以新的意义，给基督宗教以新的视野，使其不再绝对化。

伊拉斯谟

(Erasmus，1466—1536)

荷兰文艺复兴代表。代表作品《愚人颂》。

伊拉斯谟是当时最博学的人文主义学者，他将人文主义的治学方法用在《圣经》上，结合宗教训练与古典文字研究。由于出版希腊文的《新约评注本》和拉丁文的《圣经新译本》，他的翻译使原有拉丁文译本的权威性受到质疑，并为新教的改革家提供了重要武器。

观点 伊拉斯谟的思想属于"**圣经人文主义**"这一派。他虽然肯定天主教的信仰，但也开始对它进行善意的批评，只是不敢采取过激的行动。伊拉斯谟的初衷是希望恢复基督宗教的本来面目，认为要在天主教内部进行革新。他的代表作《愚人颂》对天主教的教条主义、形式主义大加批判。当宗教改革浮出水面时，文艺复兴启发的人文主义就逐渐销声匿迹了。

托马斯·摩尔

(Thomas More，1478—1535)

英国文艺复兴代表。代表作品《乌托邦》。

伊拉斯谟与托马斯·摩尔两人都鄙视经院哲学，他们希望在天主教内部进行改革，从未想过要从事外在的革命。他们是马丁·路德之前最著名的人文主义学者与思想界领袖。托马斯·摩尔坚守原则，最后殉道而死。

柏拉图的共产思想激励了摩尔，他的代表作《乌托邦》提出要设法消灭私有制、等级制，使财产公有、社会平等，从而实现人人品德高尚，人人拥有幸福的生活。

马基雅维利

(Machiavelli，1469—1527)

西方近代政治学的奠基者。代表作品《君主论》。

意大利文艺复兴的基调是人文主义，要藉由恢复古希腊与罗马的异教自由精神，把人由中世纪的神本思想中解放出来。文艺复兴结束阶段由马基雅维利出手，他为了政治的理由，认为古代重视代表光明的理性，而中世纪的信仰则沦为迷信，应该予以批判。他对基督宗教提出质疑，认为基督宗教使国家、社会陷入腐败；意大利四分五裂无法统一，统一的主要障碍是天主教。

观点 马基雅维利在《君主论》中强调：人性本恶自私，总是表现出对财富和权力的欲望，君主只有靠恶劣的行为才能保住国家；君主为达目的可以不择手段，他的目的是为了国家统一和社会安定。马基雅维利提出《君主论》，旨在摆脱神学的束缚和宗教的干扰，使意大利走向统一的局面。

16 世纪宗教改革

　　文艺复兴与宗教改革这两个运动宣称追求同样的目的，但采取的手段不同。两者目的都是要肯定一个人拥有自主权和新的自由，文艺复兴要追求历史上的美好之物，而宗教改革则要追求得救之途。文艺复兴时期的人文主义比较温和，具有宽容的特色，伊拉斯谟可以作为代表；而宗教改革显然要严厉得多。

　　宗教改革的代表人物除了马丁·路德和加尔文之外，还包括英王亨利八世，他因个人婚姻问题而促成英国国教的独立。宗教改革之后，在天主教内部出现反改革运动，并且引发宗教战争，绵延上百年，由此导致民族国家的兴起，造成政治与宗教之间错综复杂的局面。

布鲁诺

(Giordano Bruno，1548—1600)

意大利研究自然科学的哲学家。

观点 布鲁诺接受新柏拉图主义的思想，认为世界是上帝的流衍与反映。他首次将神分为两个侧面来谈，一面是**"能产自然"**，另一面是**"所产自然"**。他受到哥白尼的启发，反对地心说，也反对以人类为中心的宇宙观。他公然否定某些重要教义，强调应该有双重真理，即除了启示方面的真理外，还应该有理性方面的真理。

他因思想具有泛神论倾向而被宗教法庭审判受火刑而死，他是在宗教法庭里牺牲的最重要也是最著名的一位哲学家。这也验证了哲学家为了追求真理而有可能牺牲生命。

马丁·路德

(Martin Luther，1483—1546)

16 世纪宗教改革运动发起人、新教创立者、德国宗教改革家。著作甚丰，将《圣经》译为德文。

观点 1 马丁·路德认为天主教的腐化已经无可救药，于是被迫走上外部革命的道路，对天主教直接加以批判和改革，表现为一种新教的运动。他在德国威登堡教堂门上贴出95 个问题，反对罗马教廷出售赎罪券，揭开了宗教改革的序幕。这一举动标志着文艺复兴以来一百多年的宽容时代的结束。

观点 2 **全靠信仰，全靠恩宠，全靠《圣经》**。"信耶稣得永生"，信就得救；人没有能力自己得救，得救全靠上帝的恩宠；不需要任何中介机构或人物，信徒可以从《圣经》中直接受到启发。

马丁·路德与加尔文都是宗教改革的重要代表人物。由于马丁·路德提出对人性的看法，对信仰的分析也比较完整，所以通常以马丁·路德作为宗教改革的代表。

加尔文

(John Calvin，1509—1564)

法国著名宗教改革代表人物，新教加尔文教派创始人。代表作品《基督教要义》。

观点 加尔文只有一个信念，就是要认清《圣经》中所体现的真正的上帝。加尔文生活严肃，为人热情专注，极有说服力。他在1543年与天主教决裂后，动身前往瑞士日内瓦，结果使该地区的居民全部改信新教（加尔文教派）。

加尔文去世时，天主教的教宗说："这个异教徒的力量在于他对金钱的冷漠。"加尔文以他的信仰作为生命的支撑，对于世间财富不屑一顾。

17 世纪科学革命

所谓的"科学革命"是指从"地心说"到"日心说"的观念飞跃。谈到科学革命，普遍认为有四位重要的代表：哥白尼、开普勒、伽利略以及牛顿。

科学革命在展开过程中，受到天主教与基督教的强烈质疑。但是，科学的发展不可遏止。当时不但是科学界，就连艺术界从事技术发明的人物也都融入到科学革命的大潮之中。从文艺复兴到宗教改革的整个过程中，科学革命从未停止过前进的脚步。

哥白尼

(Nicolaus Copernicus，1473—1543)

波兰神父，科学革命重要的代表。代表作品《天体运行论》。

观点　哥白尼曾到意大利学习法律，后来被教宗挽留下来改造历法。哥白尼受到柏拉图哲学的宇宙观的启发，提出"日心说"，认为地球绕着太阳旋转，地球并非宇宙的中心。他的观点被称为"**天文学的革命**"，这种观念造成"天翻地覆"的局面。100 多年后，牛顿才正式确立古典物理学的原则，最后完成了整个古典物理学的革命。

科学革命在展开过程中，受到天主教与基督教的强烈质疑。此处所谓的"科学革命"是指从"地心说"到"日心说"的观念飞跃。哥白尼在发现这个事实 30 年后，直到去世前才有勇气出版《天体运行论》，他为此承受了天主教的巨大压力。

开普勒

(Johannes Kepler，1571—1630)

德国天文学家、数学家，现代实验光学的奠基人，科学革命的主要推手。代表作品《宇宙的奥秘》《世界的和谐》《鲁道夫星表》等。

观点　开普勒在大学期间学习了关于行星运动的托勒密体系与哥白尼日心说，成为哥白尼的拥趸，此后一生致力于巩固哥白尼所开创的天文学理论革命。

开普勒一生困苦，对天文学有极其卓越的贡献，他对天文学的贡献几乎可以和哥白尼相媲美。开普勒的重要贡献是发现了行星沿椭圆轨道运行，并且提出行星运动三定律（即开普勒定律），将哥白尼学说向前推进了一大步，为牛顿发现万有引力定律打下了基础。牛顿曾说过："如果说我比别人看得远些的话，是因为我站在巨人的肩膀上。"开普勒无疑是他所指的巨人之一。

伽利略

(Galileo Galilei，1564—1642)

意大利数学家、物理学家、天文学家，科学革命的重要代表。发明发现和著作甚丰，代表作品《关于两种世界体系的对话》。

伽利略比哥白尼晚 90 余年，很早就发现哥白尼是对的。他受到宗教保守势力的威胁和宗教法庭的审判，警告他不要为哥白尼辩护。他的著作《关于两种世界体系的对话》被天主教列为禁书长达 200 年之久。

观点 伽利略认为，对实质问题的讨论不能以《圣经》的经文作为权威，而要依靠感官的经验与必要的观察。伽利略开创了以实验事实为根据的近代科学，并奠定了经典力学的基础，被誉为"近代力学之父""近代科学之父"。

天主教施加于科学家的压力，切断了地中海的科学命脉，科学研究逐渐转移到欧洲北部。

牛顿

(Isaac Newton，1643—1727)

英国物理学家、数学家，百科式全才。代表作品《自然哲学的数学原理》《光学》。

观点 牛顿提出万有引力定律和运动三大定律，为哥白尼的太阳中心说提供了强有力的理论支持，并推动了科学革命，完成了整个古典物理学的革命。科学革命使人类的宇宙观从地心说转变为日心说，让人类眼界大开。再配合西方发现新大陆，更让这一时期显得多采多姿。

许多科学革命的代表人物对于"上帝"并没有太多争议，他们反对的是基督宗教的教会对人类思想的控制。他们认为，理性上的突破是对神圣使命的贡献，科学的发现是对世界神圣结构的精神上的觉悟。这四位科学家都以无比的激情投身于科学研究，他们认为自己正在恢复人类由于原始的堕落而丧失的神圣知识。他们发现新宇宙的完美，在宇宙创造者的无限辉煌之前深感敬畏。可见，科学家照样信仰他们的上帝。

达·芬奇

(Leonardo da Vinci，1452—1519)

艺术家、科学家。代表作品《最后的晚餐》《蒙娜丽莎》。

当时不但是科学界，就连艺术界从事技术发明的人物也都融入到科学革命的大潮之中，达·芬奇是其中最有代表性的人物。

观点　**理论脱离实验是最大的不幸，实验应以好的理论为基础。**达·芬奇认为，感觉经验是知识的唯一来源，智慧也是经验的产品。经验本身没有错误，犯错的是理性判断。科学必须是经验与理性的结合。理性探讨要从最根本的原理出发，靠着经验不断向前推展。最大的不幸就是理论脱离了实验，实验永远建立在正确的理论上。譬如说："透视学就是正确的理论向导，没有它，你将在绘画上一事无成。"

达·芬奇坚信科学，他提出的实验工作方法成为近代自然科学最基本的研究方法。从文艺复兴到宗教改革的整个过程中，科学革命从未停止过前进的脚步。

蒙田

(Michel de Montaigne，1533—1592)

文艺复兴时期最后一位人文主义者者，开创法国精神主义传统，确立了法国文化的基调。代表作《随笔集》。

蒙田最推崇的人是苏格拉底，他重振苏格拉底的爱智作风，使哲学重新贴近人生。《随笔集》旁征博引，灵活运用苏格拉底的反讽方式，对人生问题进行深入反思，使哲学重新焕发了活力。

观点 1　**按人的本性来善度此生。**面对死亡，蒙田采取人文主义立场：人应该按人的处境来安排此生，知道如何忠实地善度此生，就是绝对完美的人，接近神圣的境界。生命的价值不在于活了多久，而在于如何使用。蒙田主张，人应该接受生命、热爱生命，并尽量使用生命。这就是文艺复兴时代的新精神。

观点 2　**回归政治与人性：**蒙田倡导一种新的哲学观念：动物凭本能就可以实现生存和发展，过着无忧无虑的生活；人虽有理性，却不见得更快乐，也未必更优越。蒙田要我们重新认识人类，要了解人性、人应该如何妥善安排自己的生活；对政治保持平常心，反对西方人的基督徒中心主义，打破人类中心的观念。

蒙田的立场一般被称作"唯信主义"，亦即把理智与信仰分开，认为理性和经验都不可靠，人只靠信心便可皈依宗教。蒙田终身信仰天主教，但又与宗教保持适当的距离，因为他反对宗教战争。他对自己的定位是有产阶级的知识分子，显示出温和而理性的态度。

蒙田不是系统的哲学家，他的学习方法是承先启后，大量引述并发挥古希腊和罗马的名人语录。后来的法国哲学家大都受到蒙田的影响，由此形成法国精神主义的传统。这种传统兼顾哲学与文学，擅长以文学方式来表达哲学思想。

培根

(Francis Bacon，1561—1626)

英国文学家、哲学家。代表作《培根随笔》《新工具》。

观点 1 **知识就是力量。** 培根所谓的"知识就是力量"，是指人的知识与力量合而为一，是为了让我们客观地认识世界。科学的任务在于发现自然的规律。培根为了强调"科学需要伟大的复兴"而提出上述观点。

观点 2 **打破四种假象。** 培根认为，重建合理的哲学思维，首先就要去除理智的阻碍，了解错误的观念如何产生。理智的最大障碍就是感官的迟钝无力与容易受骗，也容易被感情和意志所干扰。而扰乱人心的假象有四种：种族假象、洞穴假象、市场假象、剧场假象。

培根作为哲学家有两大贡献：第一，他对传统科学与哲学研究进行批判；第二，他认为要建构有效的知识，要先打破四种假象。英国哲学以经验论为主轴，培根对此发挥了关键作用。

欧洲大陆的理性主义

笛卡尔

(René Descartes，1596—1650)

法国哲学家、数学家，被誉为近代哲学之父。代表作品《方法论》。

笛卡尔被称为西方理性主义第一人，由他开启了欧陆理性论。从笛卡尔开始，西方哲学界出现了立场鲜明的理性主义，笛卡尔的思想与中世纪的经院哲学分道扬镳。

观点 1 **我思故我在**。笛卡尔认为认知、意志、想象、感受都不可靠，为了探求真理，要怀疑一切能够被怀疑的东西，但怀疑一切的我必须是真实存在的。所以，笛卡尔说："我怀疑，所以我存在。"怀疑是思想的一种作用，而思想作用的范围非常广，因此笛卡尔说："我思故我在。"这是一个真理，它非常确实，连一切最荒唐的怀疑都无法动摇它，于是"我思故我在"成为笛卡尔哲学的第一原则。

观点 2 **我在故上帝在**。哲学一定要探本求源，找到最后的真实，亦即万物的根源。我本身会怀疑、有缺点而不够完美，我本身的有限使我知道，一定有一个至善者作为根源。我有至善的观念，这个观念不能来自于我自己，因为层次低的不能产生层次高的观念。至善者就是上帝，上帝是一切真理的基础，否则人不可能具有清晰而明白的、真实的观念。

观点 3 **思考的规则**。笛卡尔认为传统哲学大有问题，问题就出在方法上。他在《方法论》中提出，一个好的方法必须符合四条规则：自明律、分析律、综合律、枚举律。

观点 4 **哲学就像一棵树**。笛卡尔认为，形而上学是树根，自然学是树干，树干生出枝叶，再延伸出机械学、医学、伦理学。

笛卡尔对西方哲学最大的影响，就是分开了灵魂和身体，他将人的存在分为思想与扩展。从笛卡尔之后，人的问题陷入身心二元分裂的局面。

帕斯卡

(Blaise Pascal，1623—1662)

法国哲学家、数学家、物理学家，与蒙田共同开创法国精神主义的传统。代表作品《思想录》。

观点 1 **赌注论证**。理性无法肯定也无法否定上帝的存在。帕斯卡是虔诚的基督徒，他用赌注论证劝人信仰基督宗教：你要以人生作赌注去选择信或不信上帝。信会牺牲世间的享乐，但可能因而赢得永恒；不信也许可以尽情享乐，但最后可能会失去永恒的生命。

观点 2 **人是会思想的芦苇**。帕斯卡强调，人是为了思考才被创造出来的，因此人的全部尊严就在于人的思想。

观点 3 **不如放弃哲学**。万物都来自于空无，消失于无限。人最终无法逃避死亡的命运，又所知有限，我们从来都不曾了解事物的真正本质，只是看到它在某一阶段的表象而已。对帕斯卡来说，哲学的首要任务就是为信仰铺路。理智的本质已经腐坏，只有受到恩宠的感召，才可以回归正途。因此，帕斯卡说："放弃哲学是哲学思维的合法终结，嘲讽哲学就是真正的哲学思维。"

作为一名基督徒，帕斯卡认为人性已经腐败，只有依靠神的恩宠才有能力行善。爱好智慧当然不能仅凭感觉，理智也有很大限制，因此还需要发挥"直观"的作用，借助心灵这一层次的力量。

斯宾诺莎

(B. Spinoza，1632—1677)

欧陆理性主义代表，犹太裔荷兰籍哲学家。代表作品是《伦理学》。

斯宾诺莎将理性作为唯一标准，他只臣服于自己发现的真理，未经理性思考的内容就被搁置一旁。斯宾诺莎为哲学而放弃了一切，他是西方哲学史上最常被人辱骂的哲学家。

观点 1 **上帝就是实体，也是自然界**。斯宾诺莎认为上帝的永恒命令与自然界的普遍规律是同一件事。上帝是万物的内在原因，是万物背后恒存的规则；自然界是上帝展现出来的那一部分。自然界有"**能产**"与"**所产**"两面：能产是实体，所产是样式。

观点 2 **哲学家的生活准则**。斯宾诺莎的三条生活准则：一、说话要清楚易懂，在不妨碍达成自己的目标的前提下，可以尽量帮助别人；二、只享受维持健康所需要的感官乐趣；三、只赚取维持生活与健康所需要的金钱，不要与其他人的生活习俗发生冲突。

观点3 **如果没有思想自由，一个人不可能活得像一个真正的人。** 斯宾诺莎追求真理，坚持思想自由。他深受笛卡尔的影响，将"以理性追求真理"当作人生原则。斯宾诺莎给宗教划下界限：对于人生的全面思考与反省，宗教不必再提供任何预定的答案。追求真理不应受制于官方的宗教，一个国家的责任就是要保障人民的自由。

观点4 **不要哭，不要笑，要理解。** 人类由生存所需决定了本能，而本能决定了欲望，欲望再决定思想与行为。人以为自己是自由的，只觉察到自己的意愿与欲望，却不清楚自己被引入这个意愿与欲望的原因。斯宾诺莎对于人类的行为不嘲讽、不悲哀、不诅咒，只求理解。哭和笑皆属于情绪，理解属于理性的认识。

观点5 **不用去恨别人，恨别人是承认自己的惧怕与卑劣，因为我们不会去恨那些我们自信能胜过的人。** 斯宾诺莎的伦理学建立在必然而正当的利己观念上，利己与自私不同。德行的基础是要努力维持自己的存在，而幸福就在于拥有继续存在的权力。情绪的善恶不在于它本身，而在于权力的增加或减少。一个人若要追求德行，就要对情绪要有清楚的观念，用理智和知识来超越情绪，设法化解情绪。

观点6 **从理性走向自由。** 从永恒的形式下观看，万物的必然性等于神的永恒本性的必然性。斯宾诺莎认为一切都是被决定的，人类的各种言行表现都是如此。人唯一的自由就是凭借理性与想象，把经验化为先见之明。人要用理性的力量，以认知的方式克服情感，这样才能获享心灵的自由。自由只有一种，就是了解人的必然性。

观点7 **一个自由人最不在意的就是死亡，他们的智慧不是对死的思维，而是对生的思维。** 所有发生的事情都是神的永恒命令，也就是自然界的规律。如果你了解万物都是被决定的，你会觉悟自己的不幸在整个体系中并非偶然，在整个宇宙永恒的秩序结构中，你会找到合理的说明。由此就可以从无常的情绪提升到全面的觉悟，可以微笑着直面死神。

观点8 **福不是德的报酬，德本身就是福。**
对斯宾诺莎而言，所谓"真理"就是他真心相信为真的事物。斯宾诺莎是一位真正的哲学家，是爱智者的典型。斯宾诺莎的思想对后代产生重大影响。黑格尔说："没有斯宾诺莎就没有哲学。你想成为哲学家，必须先是个斯宾诺莎主义者。"

莱布尼茨

(Leibniz，1646—1716)

德国哲学家、数学家，欧陆理性主义代表。代表
作品《单子论》《神义论》。

观点 1　**单子论**。莱布尼茨认为，宇宙万物都是由单子构成的。
单子本身无形无相，只有知觉和欲求两个基本特性。单
子没有窗户，彼此不能沟通或互相影响。上帝作为中心
单子，使其他单子得以存在；并具有预定和谐的观念和
力量，使整个宇宙保持和谐。

观点 2　**充足理由律**。莱布尼茨认为，宇宙万物都有其充足理
由。莱布尼茨认为真理有两种：一种是永恒真理，一种
是事实真理。永恒真理必然存在于神的理解中，因此从
永恒真理可以证明上帝必然存在。宇宙万物都是偶存
的，万物的存在都需要充足理由，该理由一定在偶存的
万物之外，那就是存在本身的上帝。莱布尼茨由"**充足
理由律**"证明了上帝的存在。

观点 3　**这个世界是所有可能的世界中最好的世界**。上帝选择创
造这个世界，必然有充足的理由，上帝的一切作为都是
为了实现最美好的事物。这个世界有预定的和谐，必定
是所有可能的世界中最好的。这就是莱布尼茨形而上学
的乐观主义。

观点 4　**神义论**。恶代表缺陷和不完美，莱布尼茨认为人间的恶
有三种：自然的恶，形而上的恶，道德上的恶。自然的
恶包含伤病老死、苦难与灾难等，不应该归罪于上帝。
形而上的恶是虚无，形而上的善是存在。人是受造物，
受造物的不完美，并非神的选择，而是取决于受造物的
本性。存在就算有它的缺陷，总是比不存在要好，因此
也没有理由怪罪上帝。道德上的恶是人的行为，人要对
自己负责，死后会有公平的赏罚。上帝并不喜欢道德
恶，他只是允许它存在。上帝是明智而公义的，他一定
会公平地赏善罚恶。

替神辩护一直都是宗教哲学家的愿望，但是人类的处境
并不会因此得到改善。莱布尼茨的目的是要建构出完整
的哲学系统，他提出"单子论"，等于宣告了近代欧洲
理性主义的结束，单子论属于标准的独断论，只提出观
点而没有给出充分的理由，无法令人信服。

霍布斯

(Thomas Hobbes，1588—1679)

英国哲学家、政治家，创立机械唯物主义。代表作品《利维坦》。

英国哲学的主流路线主张重视经验，通过观察自然界与人类社会来寻找真理。霍布斯的哲学立场是把人当作自然物体。如果要让人活得比较安全、愉快，就要了解人的性情、爱好与行动，这就是他的伦理学。

观点 1 **人对人而言就像豺狼一样。**霍布斯主张善恶相对论，个人的嗜好与欲望是善恶的尺度。合乎你的嗜欲，对你而言就是善，否则是恶。每个人都由于欲求权力而发展心智方面的能力。如此一来，人与人之间的关系变得非常紧张。

观点 2 **《利维坦》的国家理论。**战争是自然状态，因为人都在追求及保存快乐，其出发点是利己。战争有两个最主要的德行，就是暴力与诈欺。霍布斯在《利维坦》中最重要的前三条法则：每个人都应致力于和平，为了和平甚至不惜战争；为了和平，有必要自愿放弃某些权利；众人应该遵守大家所制定的契约。霍布斯认为不必靠上帝保护我们的现实人生，只有靠自救。每个人让渡一些权利，形成契约，从而得到更大的安全保障。这就是国家的由来，国家是由人的意志与协议造成的，国家的百姓称为公民。国家理论是霍布斯的哲学中较有创见、也较为深刻的部分。

霍布斯继承英国重视经验的传统，并加以发展。在他之后，出现英国经验主义的三位代表：洛克、贝克莱与休谟。

英伦三岛的经验主义

洛克

(Locke，1632—1704)

英国哲学家，经验主义的创始人，哲学上自由主义的创始人。代表作品《人类理解论》《政府论》。

观点 1　**心灵有如白纸**。洛克开启了经验主义，他认为人没有先天本具的观念，所有的观念都来自于经验。观念来自于感官知觉和理性反省，即通过经验产生感觉，再对其做初步反省，才能得到各种观念。

观点 2　**"初性"和"次性"**。"实体"是理性主义最核心的观念。洛克批评实体的观念，认为实体是想象的结果。他用"初性"和"次性"解释实体的性质。"初性"就是能在我们心中产生简单观念的那个力量本身，初性不能被人类掌握，能被我们掌握的是次性。"次性"并非对象本身所具有的，而是藉其初性在我们心中产生的各种感觉。"初性"是实体本身的性质，"次性"是由我们的感觉所得到的实体的性质。

观点 3　**《政府论》的契约理论**。在自然状态中，人类天生是自由的与平等的。人有自然的权利，比如财产私有权。人类结合成为国家，是为了保护人民的生命、自由与财产，这时就要订立原始的契约。在这样的契约中，个人放弃权利而交给大多数人来裁决，但绝不会放弃自由而沦为奴隶。这是洛克的基本原则。对于国家的组成，洛克认为应该"三权分立"，即立法权、行政权与联邦权各自独立。国家的形成基于契约，君主的权力来自于人民，国家是由人民组成的。这开启了西方近代民主国家的观念。

观点 4　**洛克的宽容态度**。洛克虽然信仰虔诚，但他认为最终还是要以人的理性来决定万物的意义，强调要保持宽容的态度。洛克所谓"宽容的态度"有两点内涵：没有人是真理的判准；没有人会轻易放弃自己的意见，所以人与人之间必须互相尊重。他的宽容精神对于启蒙运动有非常深刻的影响。

观点 5　**洛克的伦理思想**。洛克认为，善恶只与苦乐有关，人生就是要追求幸福，让自己过得快乐。而追求幸福的需要就是一切自由的基础，以自由做基础才能追求幸福。他强调："我们所热爱的政府就是能增加我们的自由的。"可见，洛克的伦理思想十分具体而落实。

理性主义与经验主义是近代西方哲学的两大系统，双方对于知识的来源问题持完全相反的看法。法国哲学家笛卡尔开启了理性主义，英国的洛克则开启了经验主义，两大系统的对峙反映了西方思潮的重大转变。

贝克莱

(George Berkeley，1685—1753)

英国经验主义代表。代表作品《人类知识原理》。

观点1 **存在即是被知觉。**它存在，因为它被我知觉。我是知觉的主体，具有知觉的能力。外在事物因为被我知觉，它的存在才能得到肯定。

观点2 **所有知觉都是精神的作用。**人只能知觉到性质，所有的次性都是人的主观感觉而已。不管你直接感觉到什么，那都是一种观念，观念不能离开心灵而独立存在。如果不使用观念，就无法描述任何东西。因此，贝克莱的思想也被称为"主观唯心论"，亦即人是认识的主体，他的认识能力可以判断外在事物是怎么回事。

贝克莱在英国经验主义中处于承先启后的位置。洛克区分物体的初性与次性，并认为次性与知觉者有关。贝克莱则进一步说，物体的初性也与知觉者有关，初性也不能代表物体。人只能知觉到性质，而不能知觉到物体。

休谟

(Hume，1711—1776)

英国哲学家、历史学家。英国经验主义的集大成者，也是总结者与结束者。启蒙运动的代表之一。代表作品《人性论》《英国史》。

观点1 **知识理论。**休谟强调知识来自于经验，这是英国经验主义与欧陆理性主义的最大分别。在休谟看来，所谓的经验就是指我们从感觉获得的印象。经验使人得到单纯印象，由此获得单纯观念，再组成复杂观念，另外要配合对过去的印象与观念的记忆，然后加上想象力，这样就构成了知识。

观点2 **自我只是一束知觉，就像一捆稻草一样。**自我是许许多多的感觉以无法想象的速度互相接续着，并且一直处于流动变化之中。自我是感觉的集合体，或者说自我是一束知觉。自我根本不可知，它并非一个实体，不可能成为我们知识的一部分。休谟批判说，人格没有同一性，并没有所谓的"我"这个人的人格。很多人把连续存在的、关系紧密的东西当作是同一个东西，事实上这些东西之间并没有什么必然的连结。这混淆了同一性与关系性。

观点3 **因果关系只是习惯。**休谟说，因与果并没有一一对应的关系，一切有关因果的推论都是出自习惯。休谟强调因果关系来自于经验，根据经验而来的一切推断都假设未来与过去是相似的，由外表相似的原因来期待相似的结果，这样的期待并不是推论。

观点 4　　**因果关系是不存在的**。因与果之间没有任何必然的联系，因为人的经验与观察都与归纳法有关，而归纳法只能找到或然性，不可能产生必然性。归纳法只是到此为止有效，对于将来没有任何解释能力。休谟的这种观点对于科学产生严重冲击，因为所有科学知识都来自于归纳法，都预设过去的事情会在将来继续发生。

观点 5　　**不可知论**。休谟的立场是不可知论，他不肯定也不否定，而是看到别人肯定就提出质疑。休谟甚至强调："如果放弃怀疑，我就会失去一切的快乐，这就是我的哲学的起源。"休谟的经验主义已经演变成怀疑主义了。

休谟的思想有很强的批判性，认为过去所有建构在理性基础上的学说都是虚幻的，坚持所有的知识一定要来自于经验，且必须是可以明确检证的。由此，休谟完成了英国经验主义的发展。从洛克承认实体的存在，经过贝克莱的精神体存在，休谟最后把精神体（自我与上帝）统统化为不可知之物，从而陷入怀疑主义。

18 世纪启蒙运动

康德说:"启蒙运动是人类从自我设限的牢笼里挣脱出来的行动。"这句话反映当时勇于认知的普遍心态。启蒙运动在西方世界的心灵发展史上是一个石破天惊的重大阶段。他们的共识是肯定古代的人文主义(这从文艺复兴时代就已经开始了),藉此摆脱宗教与政治的控制,表现出明显的反对基督宗教以及反对君主专制的立场;同时,他们重视科学的进步,要由此造成现代化的社会。

启蒙运动的很多学者并非反对或否定上帝,而是反对教会对人的思想的控制,科学与宗教并没有直接的矛盾。许多科学革命的代表人物对于"上帝"并没有太多争议,他们反对的是基督宗教的教会对人类思想的控制。

启蒙运动开始于 1689 年的英国光荣革命,结束于 1789 年的法国大革命,正好是 100 年的时间。

卢梭

(Jean-Jacques Rousseau，1712—1778)

法国 18 世纪启蒙思想家、哲学家、教育家，情感主义的代表。代表作品《爱弥儿》《社会契约论》《忏悔录》《论人类不平等的起源与基础》。

卢梭一生承受着悲惨命运的考验，凭借好学深思来拓展自己的生命经验。卢梭写《忏悔录》是要真诚地面对自我，要从自我的情感与理性的变化之中，去了解人类和人性的真相。他可能是哲学史上最以自我为中心的思想家。

观点 1　**文明是一切罪恶的来源。**文明充斥着各种虚伪，艺术与科学的发展无异于文明锁链上的各种花环装饰。人的心灵已经随人文科学和自然科学的进步而腐坏。艺术与科学的诞生，都可归因于我们的不道德。卢梭在此直观表达了对巴黎豪华生活的反感，认为上流社会与他所了解的人民大众是脱节的。

观点 2　**人类不平等的起源。**卢梭流传最广的作品要属《论人类不平等的起源与基础》一书。人类社会为何会出现不平等？卢梭认为关键在于私有财产的建立，私有财产以及随后发展的整个社会结构都造成不平等，随之而来的是社会、政府和法律的建立。为了保障自由，所有人都轻率地跑进枷锁之中。

观点 3　**普遍意志。**霍布斯认为社会契约的目的是要避免最大的罪恶战争，而卢梭的目标始终是自由。卢梭的《社会契约论》是让人民交出权力，通过社会契约组成公共团体，将自己的身体和权利置于"普遍意志"的最高指导之下。人会因为社会契约获得公民的自由和道德的自由，以此取代失去的自然的自由。自然的自由只受个人力量所限制，公民的自由则受普遍意志所限制。

观点 4　**人民的声音，就是上帝的声音。**普遍意志与全体意志不一样。全体意志是通过选票来计算的，只能代表大多数人的想法，但它有可能随着时空条件的改变而调整。普遍意志强调共同的利益，它的目标是普遍而正当的，所以它永不犯错。通过社会契约，主权者（人民全体）所制定的法律就是普遍意志的表达。至于普遍意志的内容，则不容易加以规定。

观点 5　**人是被迫为自由的。**卢梭说："普遍意志就是每个人真正的意志。而普遍意志的表达，就是每个公民真正意志的表达。服从一个人自己的意志，就是自由的行动。因此，迫使一个人的意志顺从普遍意志，就是迫使他自由……无论谁拒绝遵守普遍意志，都将被整个群体所迫去遵守它。这就意味着他将被迫为自由的。"这就是卢梭著名的矛盾论（似非而是论）。

结论就是：纯粹的欲望和冲动是奴隶状态，而服从我们命令自己的法律则是自由的。这种观点启发了康德的自律伦理学。

观点 6 　**《爱弥儿》的情感哲学。**卢梭认为《爱弥儿》是他最好的、最重要的作品，其思想关键是人必须活得与自然和本性相协调。人性中与生俱来的两种能力是欲望与理性。欲望是行为的动力，而理性给人知识，教人分辨善恶。道德是由理性与情感共同建立起来的，情感传达并反映人的需要，推动着理性。没有情感，理性是不完善的。卢梭进一步说："人的错误不是来自感觉与情感，而是来自理性判断……因此理性必须依赖于情感。"这就是卢梭的情感哲学。

卢梭的著作显示他对社会改革的关心，并且提出他的社会理论。卢梭所处的 18 世纪是启蒙运动的时代。所谓"启蒙"就是以理性开导人，首先是质疑甚至推开宗教的势力，其次是让政治上的王权逐渐符合民意的要求。启蒙运动最终的结果就是 1789 年的法国大革命。

维科

(Giambattista Vico，1668—1744)

意大利最重要的哲学家，近代历史哲学之祖。代表作《新科学》。

观点 1 　**真理即实在。**维科批评笛卡尔的"我思故我在"，认为它是心灵建构的学问，不牵涉到具体的事实，因此无法作为科学知识的基础。维科说："真理的法则与判准是创造。"所谓"创造"是指创造客观的事实，亦即要以客观事实作为真理的标准。维科的口号是"真理即实在"，他要用实验的方法来证实物理学的研究对象。"真理即实在"是说，知道等同于创造，真理与实在是合一的。

观点 2 　**历史是一种循环。**维科提出一种循环的历史哲学观。他强调，重复发生的并非特殊的历史事实或事件，而是这些事件发生的整体架构。换句话说，重复发生的是心灵状态的循环。历史是由人创造的，而人总在循环之中。人类历史显示出人性的不同方面，因此不能以今非古。这种观点对于近代历史哲学的发展有深刻的启发。维科最后得出结论：历史向我们显示了人性。我们必须转向，要从历史、诗、艺术、社会与法律的发展中，认识到其中逐步显露出的人性。

历史的过程都是人性的显露，从原始的神明时代把人视为感觉，到英雄时代把人视为想象，到人的时代把人视为理性。三者各有侧重，并且一直在循环之中。

培尔
(Pierre Bayle，1647—1706)

法国哲学家，启蒙运动的先驱，最有影响的怀疑论者。代表作《历史与评论辞典》。

观点 1　**人的理性更适合发掘错误，而不是发现真理。**

观点 2　**宗教的真理不是理性可以谈论的。** 无论怎样用理性去争论，都无法得到宗教的真理，所以应该用容忍取代争论。容忍或宽容逐渐成为启蒙运动的基本立场。

培尔不仅区分宗教与理性，更重要的是，他进一步公开指出**宗教与道德应该分离**，因为理性有其限制，理性应该只管现实世界；而宗教里有很多无法解决的问题，就让个人的信仰去面对吧。培尔在 17 世纪末提出这样的思想，可谓开时代风气之先，由此出现**"道德自主之人"**的概念，即一个人不靠信仰，也可以成就道德。

狄德罗
(Denis Diderot，1713—1784)

法国启蒙思想家、哲学家，百科全书派主编。主持编纂《科学、美术与工艺百科全书》。

观点　启蒙运动之后，西方慢慢走向**世俗主义**。狄德罗的思想显示出世俗主义的观念：**人是并且必须是万物的中心；**由于人的存在，才让天地万物变得有意义。一个人得到启蒙并不代表他一定有德行，德行还是要靠自己去努力修炼。他们都想赢得后世子孙的尊敬，立德、立言的动力就在这里。他们把希望都寄托在这个有形可见的世界上，这是非常明显的世俗主义。

狄德罗的目标是通过百科全书的编纂出版来改变人们的思想方法，掀起一场人类精神上的革命，来反对教会的教导和现存的政治体制。《科学、美术与工艺百科全书》为 1789 年的法国大革命做了舆论准备，形成了法国启蒙运动的高潮。

达朗贝尔
(Jean le Rond d'Alembert，1717—1783)

法国启蒙思想家、数学家、哲学家，后续实证主义的先驱。百科全书派主编，与狄德罗一起编纂《百科全书》。

观点 **科学化的哲学**。达朗贝尔数学家的背景让他认为，应该坚持去发展科学化的哲学。所谓"科学化的哲学"，就是以系统的模式去描述及联系现象的世界，而不再由形而上学的角度解释这个世界。这一观点使得达朗贝尔成为后续实证主义的先驱。换句话说，哲学要向科学效法，只能关心现象；如果有形而上学的话，它必须成为一门有关事实的学问，而不能只是抽象地谈一些理论。

由启蒙运动的三位代表培尔、狄德罗与达朗贝尔的观点，可以看出启蒙运动的基本走向：设法用理性的方式，获得更完整而深刻的认识；通过辞典或百科全书这种教育工具，启发百姓进入新的时代。

伏尔泰
(Voltaire，1697—1778)

法国启蒙思想家、哲学家，启蒙运动的舵手。著作极多，编过《哲学辞典》。

观点 1 **我不同意你说的每个字，但我誓死捍卫你说话的权利。** 1762 年卢梭出版《爱弥儿》以及《社会契约论》，被日内瓦政府公开查禁与焚毁。此刻传出伏尔泰广为流传的这句话，被视为言论自由与宽容精神最鲜明的格言。这体现了启蒙运动的重要原则——对其他人和其他观点保持宽容。

观点 2 **反对宗教上的乐观主义**。这是伏尔泰的基本立场，他尤其反对莱布尼茨有关"这个世界是所有可能的世界中最好的世界"的说法，认为那是无稽之谈。

观点 3 **消灭这个下流无耻的教会**。伏尔泰猛烈批判教会及其教导的教义，他将基督宗教当作迷信，要去除盲目及狂热的信仰。伏尔泰坚决反对的是教会的组织，而不是对上帝的信仰，因为他也批判无神论。

观点 4 **享乐可以证明上帝存在**。伏尔泰认为有两条路线可以证明上帝的存在：第一条路线仍是传统所谓的"设计论证"；第二条路线则是享乐与神性的存在有关。当一个人有了舒适的感觉时，就一定会肯定：有一种令人舒适的最终极的东西是存在的。这种论证有些无聊。

观点 5 **信仰上帝是有利的**。伏尔泰从效益的观点去看待上帝的存在，谈不上真正的信仰，也无法肯定随信仰而来的道德行为。他虽然谈了很多上帝存在的证据，但最后自己还是陷于困惑之中。

伏尔泰对哲学的重要问题并未做完整而深入的思考，因而无法构成一个完整的系统。启蒙运动持续发展，最后造成法国大革命，这更多地要归因于卢梭这样的平民学者。以卢梭和伏尔泰为代表，法国曾在 18 世纪启蒙运动中独领风骚，但同时也导致法语系哲学走向结束。接着上场的是德国哲学。

康德
(Immanuel Kant，1724—1804)

德国哲学家，德国古典哲学创始人，启蒙运动时期最后一位主要哲学家，德国思想界的代表人物。代表作品《纯粹理性批判》《实践理性批判》《判断力批判》。

康德一生过着严谨的生活，他要充分掌握自己的时间与生命。在他之前，近代西方哲学从理性主义和经验主义演变为独断论与怀疑论，整个知识界都陷入了困境。康德要设法找到新的出路，他宣称要把认识的焦点从外在拉回内在，要问：我们真的能认识外界事物吗？能认识到什么程度？这是康德面对的挑战。

观点 1 **哲学是先验的学问**。所谓"先验"就是先于经验并作为经验之基础者。康德对于哲学的最大贡献是提出一套先验哲学，又称作批判哲学。康德彻底翻转认识的焦点，在认识外界事物之前，要先了解人自身的认识能力。这种翻转就像哥白尼的"日心说"一样，等于是扭转乾坤，天翻地覆。康德在哲学界的影响力由此可以想见。

观点 2 **人只能认识现象**。康德认为人只有**感性直观**，人只能认识现象，你所认识的世界是能够被你认识的世界，不等于世界本身，没有人可以认识事物的本体。康德于是得出结论，自我、世界和上帝三个本体皆不可知。

观点 3 **正反论旨**。康德提出著名的"正反论旨"，用于破除虚假的观念。正反论旨就是做研究的时候同时提出正题和它的反题，强调正题是对的，反题也是对的，最后两个都不对。康德通过正反论旨重新论证，传统哲学上的许多论断都受到质疑。因此，康德将过去争论不休的问题全部搁置，因为它们没有先去探讨人本身的认识能力、结构和限制。

观点 4 **人的认识结构**。康德将人的理性分为四个层次：感性、想象、知性和狭义理性，每个层次都包括形式和质料两个方面。首先感性有两面，外界提供给我混沌的质料，我的感性能力提供普遍的形式，两者配合才能形成被我认识的对象。接着我的想象力根据内在的规则与程序，设法把这个对象加以分类。然后再把这个对象往上推给知性，知性负责做出判断。知性也是把先天的形式加在外界提供的对象上。最后再把这个对象交给狭义的理性来加以规范，从而肯定这是我所得到的知识。这就是认识的结构。

观点 5 **时间和空间是感性的先天形式**。康德作为哲学家的最大特色，就是打破历代以来所有对于时间和空间的观念。康德认为，时间与空间不是外在的、后天的，而是人类主观的先天形式，正是因为有人类，才有这样的时间与空间。这样一来，我们永远也无法接触到外在世界本身。因此，康德要区分"现象"和"物自体"。

观点 6 **我应该，所以我能够**。人是普遍具有理性的存在者，理性会赋予人"无上的命令"，道德的无上命令是：我要设法使自己行为的格准成为普遍的法则。格准就是自己做事的规格和标准，法则是普遍的客观的道德律。由于理性为自己立法，所以道德意志不是他律的，而是自律的。意志的自律是道德的最高原则。既然每个人都是自律的，都是目的而非只是工具，因此人的世界就构成一个"目的王国"。人的理性给自己立法，我由自己所定的法来行动，所以我是自由的。这样就肯定了人的道德生命的特色。

观点 7 **道德形而上学**。康德认为传统形而上学的探讨都不能成立，他别出心裁地从人出发，要去找到道德行为背后的本体。康德认为人的知识有两种，除了理性判断得到的知识外，还有道德知识。凡是含有"应该"二字的就是道德知识，而道德哲学家的任务，就是要从道德的知识中分辨出先验的因素，并说明它的根源。

观点 8 **实践理性就是意志**。所谓"实践理性"是指理性在实践上的应用，主要以道德实践为准；不包括制作手表、汽车等，因为这些与知识有关。只有在道德实践中，理性才可能使它的对象真正成为实在。人要靠意志去做选择，做出某些道德的或是反道德的行动，而道德的法则只能建立在理性上。这不是客观地去认识外在世界，而是主动地创造某种客观实在的行动。人通过意志的抉择，使道德行为得以实现，这样才符合人类理性的要求。这就是康德伦理学的主要特色。

观点 9   **道德义务论。** 康德认为，道德不需要先预设宗教信仰，道德最终的动机是为了义务，但这样的义务可以与上帝的命令相配合，要承认人的所有义务都是上帝的神圣命令。服从道德法则、服从义务就是服从上帝。这是康德将道德哲学引向宗教的关键。因此，并非道德以宗教为基础，而是宗教必须以道德为验证，因为道德是普遍的，而宗教有可能受时空的影响，出现多元化的现象。

观点 10   **美是一种必然的满足。** 康德对审美的判断，是从量、质、关系和状态四个角度来看。从质的角度看是"无私趣"，不涉及任何认知与意愿，而能引起满足感。从量的角度看是"普遍性"，美只涉及感受而不涉及概念，但能普遍使人愉悦。从关系上看是"不具目的的目的性"，即对象本身不具任何特殊目的，但又合乎目的性，能使人得到某种启发。从状态上来看是"必然的满足"，"必然"是普遍原则的一个案例，可以使人产生共同的感受。

观点 11   **美是道德善的象征。** 美与善都能使人产生愉悦的感受；美可以让想象力与理解力相和谐而不至于分裂，善可以让普遍的法则与个人的生命相和谐。所不同的是，美是在直觉中产生愉悦，任何人在审美中都要保持"无私趣"的态度；善是在概念中产生愉悦，它与人的某些私趣相结合。可见，美和善有相似之处，它们都能使人的生命形成一个整体，从而走向完美的目标。

康德是德国哲学的关键人物，在西方哲学史上处于承先启后的地位。康德建构了完整的唯心论系统，德国唯心论是西方哲学 19 世纪上半期最耀眼的学派，整个 19 世纪的哲学集中在德国的唯心论，都是围绕着康德而不断发展。其学说深深影响近代西方哲学，并开启了德国古典哲学和康德主义等诸多流派。

费希特
(J. G. Fichte，1762—1814)

德国哲学家，主观唯心论的代表。代表作品《全部知识学的基础》《自然法学基础》。

费希特接过康德的棒子，界定哲学的任务就是要阐明一切经验的基础。

观点 1　**人的本质就是自由**。康德认为，心中的道德法则是人的自由的来源，但人最多只能从道德实践中肯定我的自由、灵魂不死以及上帝存在，世界是不可知的。费希特认为，周围的世界其实并不存在，只是自我把它安置在外面的想象的景观，是有创造力的自我在它的自由中构思的世界。这是明显的主观唯心论。

观点 2　**自我是所有经验的基础和前提**。康德之后的费希特除了肯定康德所谓的**"感性直观"**之外，还肯定人有**"知性直观"**。人的自我是一切经验的基础，这个自我是所有经验的前提，故称为**先验自我**。其次，这个自我必须不断追求自由，因为它的本质就是自由。自由必须有一个活动的场所，万物都针对自我而存在，它们也是"自我"安置的，因为你无法想象一个与自我无关、在自我之外独立存在的世界。费希特因此被称为主观唯心论。

观点 3　**始终实现你的道德天职**。费希特认为，一切都是从自我展示出来的。任何精神、意识或心不可能停止不动，它本身就是活动与奋斗的过程。人的本性就是道德本性，就是要不断去实现某些更高的义务。人的自由就是活动，也就是奋斗。而自由与法则不可分，没有法则而为所欲为，只是一种盲目的冲动；有一定的法则作为依据，你才可以自由选择或不选择。人有道德天性，而道德行动的法则就是依照自己的良心行动。这是费希特的著名论断，所以他要求：始终实现你的道德天职。

谈到德国唯心论，一般就是指康德之后的三位德国哲学家，依次是费希特、谢林以及黑格尔，他们的哲学分别被称作主观唯心论、客观唯心论以及绝对唯心论。

谢林

(F. W. J. von Schelling，1775—1854)

德国唯心论的第二位代表，被称为客观唯心论，自然哲学是他的主要特色。代表作品《先验唯心论体系》。

观点 1　**哲学的关键问题**。谢林是哲学界的少年天才，他把握了关键的哲学问题。谢林强调，哲学是关于事物与绝对者关系的知识。换句话说，哲学就是要设法探讨万物与绝对者的关系。万物是有限的，而绝对者是无限的。从此以后，"绝对者"逐渐成为哲学界的术语。

观点 2　**客观唯心论**。费希特只关注人的自我，认为自我是一切外在事物的基础，由自我来安置所有的一切。但谢林认为，自然界不是单纯的工具而已，它本身也是有意义的。自然界代表是与自我相对客观的一面，但自然界并不是一个真正客观存在的、本身具有价值的东西，它的基础依然在于绝对者。谢林认为自然界依然是观念，它表现了永恒的观念。谢林所代表的是唯心论的中间阶段，叫做客观唯心论。从费希特到谢林，德国唯心论的立场非常鲜明。

观点 3 **谢林的自然哲学。**自然界是有生命的，是有机的统一体，是无限绝对者的客观化表现。在费希特看来，非我是自我意识的必要条件，因此自我实现要经由在世界中的具体行动来达成。自然界的发展状态最终要逐渐走向精神层次的觉悟，也就是走向人的精神的出现。对谢林来说，真正存在的是两个持续演变的过程：首先是自然界的无意识过程，接着是人类精神的有意识过程。谢林发现人类的精神也处于紧张与对立中，是在矛盾的对峙与和解中运作的。谢林强调，自然与精神应该被视为一致的过程，所有的现象都是一个巨大有机生物的一部分。所以，谢林也把他的自然哲学称为"同一哲学"，认为绝对者是客观性与主观性的同一，它把主观与客观、把自我与自然界合而为一。

观点 4 **谢林的艺术哲学。**艺术作品是人类自由最精致的行动，因此也是精神领域中最崇高的创作。艺术作品使心灵产生一种终极目的性的感受、无须增减一分的感受、问题已经化解的感受。在谢林看来，艺术哲学是哲学真正的求知工具，因为艺术来自于人的具有生产力的直观，而审美直观显示无意识与意识的统一、实在与观念的统一。所谓"艺术直观"是指在理性的一项有限产品中，直观到无限者。所以，美与真在终极上是一体的。换句话说，人类感官所面对的万物不会直接来自于上帝或直接回归于上帝，中间需要通过人的理性，才能把客观性与主观性整合起来。这就是谢林的艺术哲学。

观点 5 **谢林的宗教哲学。**宗教以信仰为核心，而信仰是人与超越界之间的关系。上帝等于世界，上帝作为根据，而世界作为结果。如果没有一个活动的上帝存在，就不可能有宗教，因为宗教预设人与上帝之间实在的关系。

谢林认为基督宗教依次经过三个时期：彼得时期、保罗时期、约翰时期。彼得时期的特征是法律，代表它有来自先天的部分，这等同于"三位一体"中的"圣父"。保罗时期从基督教新教的改革开始，这时强调的是自由的观念，这等于三位一体中的"圣子"。谢林期待着约翰时期的到来，将前面的法律和自由结合于基督宗教的团体中，这等于三位一体中的"圣灵"。

黑格尔

(G. W. F. Hegel, 1770—1831)

德国 19 世纪唯心主义哲学的代表之一，德国古典哲学的代表之一。代表作品《精神现象学》《逻辑学》《法哲学原理》等。

黑格尔思想标志着德国 19 世纪唯心主义哲学的巅峰，对后世的存在主义和历史唯物主义产生深远的影响。

观点 1   **绝对唯心论。**黑格尔认为费希特的主观唯心论和谢林的客观唯心论都有所偏颇，主观与客观应该统合在一起。黑格尔把"绝对精神"看作是世界的本质或本原，认为从自然、社会到人类的主观精神，都是客观的"绝对精神"的"异化"，最终只有通过人类哲学的反省，绝对精神才认识到自己。黑格尔的全部哲学都建立在这种"绝对精神"之上，从而建构了一个完美的系统，所以被称作绝对唯心论。

观点 2   **绝对者就是精神。**"绝对者"对应的是"相对者"。所谓"相对者"，就是本身没有存在的理由，有开始也有结束，中间充满生灭变化的万物。而这一切相对的东西（世界和我）的来源和基础就是"绝对者"，它是永恒的、无限的。黑格尔认为，一切教化与哲学的目标就是要发现：绝对者就是精神。当绝对精神走出自己时称为"异化"，形成一个有形可见的物质世界，其中也包括人类在内。绝对精神的活动最终还要依靠人类的配合走回自己，它是一个精神的自我省思的历程，这个历程要通过并在人的有限精神之中进行。宇宙万物中只有人类有理性、可以思考，所以人作为有限精神，要配合整个宇宙的绝对者，最后回归于绝对精神。

观点 3   **人类从历史中学到的唯一教训，就是他们没有从中学到任何教训。**这是黑格尔关于历史的论点，非常引人深思。

观点 4   **说人性本恶比说人性本善表达了更高的智慧。**关于人性，黑格尔说："众人以为，当他们说人性本善时说出了一种伟大的思想；但他们忘记了，当他们说人性本恶时说出了一种更伟大的思想。"换句话说，他认为肯定人性本恶要比肯定人性本善的层次更高。

观点 5   **逻辑就是形而上学。**所谓形而上学，就是要探讨在现象背后无形可见、永不变化的本体。逻辑是思维的规则，也就是精神运作的法则。如果整个宇宙的本体就是一个精神，也就是绝对者，那么它的运作不就是逻辑的运作

吗？逻辑不就是形而上学吗？所以，黑格尔的整个系统
是贯穿在一起的。

观点 6　**凡是现实的都是合理的？**"存在即合理"这种说法比
较接近人类心理上的合理化作用，也就是为自己的所
作所为找到合理化的借口。但黑格尔说的是："凡是合
乎理性的东西都是现实的，凡是现实的东西都是合乎理
性的。"所谓"合乎理性"就是不包含矛盾，只要是不
矛盾的东西，将来都有可能成为现实。所谓的"理性"
是指精神或思想。精神既然是唯一的存在，显然会按照
它的内在逻辑而演变发展，最后产生某种结果。黑格尔
认为，根据合乎理性的原则去改善现实情况，这一切其
实早就包含在绝对精神里面。换言之，绝对精神就像一
个无限的库藏，人可以不断地从中发掘宝藏，以实现更
理想的状况。由此可见，"凡是现实的都是合乎理性的"
显得保守，而"凡是合乎理性的都是现实的"则具有
革新精神，能鼓励世人从事思考与创新。

观点 7　**黑格尔辩证法。**黑格尔的整体思想呈现出一种辩证的结
构，他的整个系统分为三个部分，分别是逻辑、自然
哲学与精神哲学。对于任何范围的探讨，他都会从正
反合三个层次来说，比如黑格尔提出的哲学概念"在
己""为己"和"在己又为己"。首先，绝对者是"在
己"，绝对者在它自己，也就是逻辑。因为绝对者本身
就是精神，而逻辑是思维的规则，等于是精神本身运作
的规则。绝对者同时也是"为己"，就是针对自己、与
自己相对立。绝对者要觉察自己，需要有一个对象，这
个对象就叫做"为己"。整个自然界是绝对精神回归自
己的一个中间阶段，所以"为己"就是自然哲学。绝
对者"在己又为己"，构成了最后一个阶段，即精神哲
学。等于是"正"与"反"统合在一起，达成一种完
美的境界。

观点 8　**主奴关系。**人在社会上都要得到自我意识，对外物产生
欲望，对自我有某种理解与肯定，他与别人之间的互动
就变成争取异己（别人）承认的一种斗争。这是一场争
取承认的斗争，甚至是生死之斗。屈服失败的那个自我
并不会面对死亡，而是成为奴隶。这就是黑格尔著名的
主人与奴隶的关系。

观点 9　**主奴关系的吊诡。**所谓"主人"，就是成功获得别人察
觉的人；所谓"奴隶"，就是在别人身上见到自己真实
自我的人。主奴关系出现后，在开始阶段，主人只察觉
到在自己身上有自我性和自由，却没有察觉到在奴隶身
上也有这些；奴隶在主人身上察觉到有自我性和自由，
却没有察觉到在自己身上同样也拥有这些。最后情况完
全颠倒了过来：主人永远处在依赖状态，他的自我始终

得不到充分的肯定，因为主人不可能凭自己的力量摆脱他所特有的依赖与异化的状态。所谓"异化"就是他所拥有的一切都与他没有直接关系，因为那些都是奴隶做成的。相反的，奴隶因为在实际劳作中取得各种结果，慢慢去掉狭隘的自我认同与自我利益，逐渐得到对自我的肯定，反而让自己变成一个独立、真实的存在。这就是黑格尔著名的"主人与奴隶的吊诡"。

观点 10 **善是法与福利的统一。**黑格尔在《法哲学原理》中说，法就是客观的规范，福利就是对别人有利的事，两者统一就是善。简单来说，就是不可以违法行善。将自我的意志与人类普遍的意志结合起来就是善，这是自由的实现，是这个世界终极目的的实现。

观点 11 **艺术是通过感性的形式掌握精神的内涵。**美就是精神的感性外貌，美是精神通过感性的方式显示出来。艺术必须通过可以感觉的方式来表现，要兼具内容与形式。内容属于精神性的、理想性的，形式则属于感性的，两者相互渗透，形成内在的和谐与统一，就是艺术品。黑格尔把艺术分为三个阶段：第一，感性形式超越精神内涵，显得有些神秘。具体的代表是象征艺术，如建筑。第二，感性形式与精神内涵相融合，成为和谐的整体。作为代表的是古典艺术，最著名的是希腊的雕刻。第三，精神的内涵超过感性的形式。具体的代表是浪漫艺术，浪漫艺术所要表现的是精神的无限性超过感性的形式，显示出精神的光辉。黑格尔认为，最足以代表浪漫艺术的是绘画、音乐与诗，尤其是诗。

观点 12 **宗教是通过图像式的概念表达精神的内涵。**宗教主要靠图画式的语言，让人通过图像式的故事去想象宗教的境界。黑格尔认为，宗教可分为三种类型：一、比较原始的自然宗教；二、精神个体性的宗教；三、绝对宗教，就是基督宗教。黑格尔认为，真正的宗教应该设法让人走向精神。

观点 13 **哲学是纯粹用概念展现精神的内涵。**黑格尔把康德哲学、费希特哲学、谢林哲学综合起来，配合自己早期对宗教、神学、希腊文化方面的研究，写出百科全书式的著作。黑格尔认为，他的思想代表西方哲学的完成。

黑格尔的思想集整个西方哲学史之大成，建构了西方哲学史上最宏伟的系统，但黑格尔的整个系统被认为是失败的，因为这个世界并非绝对者的纯粹展现，他无法把现实世界完全收纳到他圆满的系统中。所以，黑格尔在哲学史上只留下一个完美的系统，却很难产生进一步影响。

叔本华

(Arthur Schopenhauer, 1788—1860)

德国著名哲学家。代表作品《作为意志和表象的世界》。

叔本华反对德国唯心论，他认为自己继承了康德哲学。其中的关键在于康德认为物自体不可知，而叔本华认为物自体是可知的，那就是意志。西方哲学从此有了一个新的转折点。

观点 1　　**意志哲学**。叔本华认为物自体就是意志，整个宇宙是一个大的意志的表现。叔本华所说的"意志"特指"求生存的意志"，他认为宇宙万物没有例外，都表现了求生存的意志。"意志"的具体表现是"欲望"，说出来就是"我要"，是一种无限的"我要"。意志、欲望、我要的意思一样。叔本华将意志作为本体，从而提出自己的意志哲学。

观点 2　　**世界就是我的观念**。叔本华认为世界有两面：一面是作为意志的世界，一面是作为表象的世界。换句话说，作为意志，是世界的本身，世界的本体就是意志；而作为表象，是人类所了解的世界的观念，所以叔本华说整个世界就是我的观念，也就是我的表象。
如何肯定物自体就是意志？叔本华认为，寻找物自体，要由人的自我着手。我由内在意识而察觉：我身体的行动跟随着意志，身体与意志并无分别，身体是"被客观化"的意志。所以，身体是成为观念或表象的意志。一切现象都是那唯一的、形而上意志的表现。

观点 3　　**生命的本质是痛苦**。叔本华认为，人的本质就是求生存的意志，意志就是欲望，欲望代表需要和缺乏，其本质就是痛苦。快乐永远只是欲望的暂时中止，幸福只是痛苦的暂时解除。一切都是意志的表现，都会牺牲其他事物来满足自己的欲望，这个世界成了冲突的场所，意志表现为自我折磨与互相折磨的本性。人生总在钟摆两端摆荡，一边是有欲望而痛苦，另一边是欲望满足后的无聊。这就是悲观哲学家叔本华的悲观哲学。

观点 4　　**一切真实而纯粹的爱都是同情**。叔本华认为，我们看透了宇宙万物的本体是意志，我们每个人也属于这个完整的、唯一的本体。这样一来，我们对于其他人或生物都会产生一种同情，进而推出各种爱的行为。叔本华说，一切真实而纯粹的爱都是同情，真正的同情是对他人无关心的爱，也就是爱一个人的时候，不存在任何功利的思想或利害的考虑。叔本华的意志哲学在道德方面转变为一种同情的哲学，从而使他的悲观主义有可能转化为乐观主义。

叔本华是哲学史上第一个公开反对理性主义哲学的人，并开创了非理性主义哲学的先河，也是唯意志论的创始人和主要代表之一，认为生命意志是主宰世界运作的力量。他反对德国唯心论，对德国唯心论的三位代表都提出严厉的批判。叔本华受到康德的启发，认为宇宙万物的本体就是意志，从而摆脱了德国唯心论的窠臼，发展出一套悲观哲学。

席勒
(J. C. F. von Schiller，1759—1805)

席勒是受康德影响很深的一位美学家，他是德国狂飙运动以及浪漫主义运动的代表人物，与歌德有深厚的交情。代表作品《审美教育书简》。

观点 1　**与美游戏**。席勒认为，人除了理性冲动与感性冲动之外，还有游戏冲动，想要从真实世界中制造出假想的一面，让大家一起游戏。游戏冲动是人性内在具有的冲动，这种冲动的目的是要将感性与理性联系起来，显示人性发展的正确方向。游戏冲动的对象是美，席勒的游戏观念与"美"是结合在一起的，这就是"与美游戏"。

观点 2　**有生命的形式**。"与美游戏"会产生一个"活的形象"，也就是"有生命的形式"：生命无时无刻不在变化，而形式是不变的；通过形式，生命成为可理解的对象。另一方面，这种形式又不是完全的抽象，它因为规范个体而变得活泼。感性冲动与理性冲动原本在各自的范围里，现在松动它们的界限，使两者可以自动相浴，使无限与有限可以沟通。无限就是永恒的形式部分，有限就是变化的实质部分，而人或多或少都在进行此两者的沟通。席勒强调的沟通在于"均衡"：如果让人好好发展游戏冲动，就会显示出平衡和谐。因此，席勒特别强调审美教育。

观点 3　**不经由审美无法抵达自由的人生**。席勒受到康德美学的启发，他认为当一个人具有审美心态时，他无所求也无所待，没有欲望也没有目的。席勒进一步强调，人的自由是他最根本的特色，而自由的意义在于超出个人生命经验的范围。席勒说："感性的人不可能直接发展成为理性的人，他必须首先变成审美的人。人在审美状态中已经得到净化提高，因而可以按照自由的法则，从感性的人发展成为理性的人。"

席勒从康德那里得到启发，在文学界、哲学界都有一定的地位。席勒的《审美教育书简》共27篇，主题可归结为：审美游戏的目的是要恢复人的自由，使人再度成为一个完整的生命。

歌德
(J. W. von Goethe，1749—1832)

德国思想家、文学家。代表作品《少年维特的烦恼》《浮士德》。

歌德的年代正是德国文化界（尤其是哲学界）的黄金时代。当时康德已经发表了他的重要著作，接着上场的是德国唯心论的三位代表：费希特与歌德曾在耶拿大学共事；谢林得到歌德正面的评价；黑格尔尊称歌德为精神上的父亲。歌德在文艺界最好的朋友是席勒，席勒是受康德影响的艺术家与美学家。歌德对于德国哲学的发展有充分的接触。

观点 1　**美是隐秘的自然法则的呈现。**歌德认为，艺术与科学并没有明显的分别，美与真是一致的，艺术与科学是一致的。他说："一切的美都是真。美来自于艺术，真来自于自然界。""美的事物是隐秘的自然法则的呈现。……凡是能够领悟自然界秘密的人，必定不可抗拒地渴望它的最佳诠释者，那就是艺术。"歌德推崇斯宾诺莎的"所产自然"和"能产自然"。"所产自然"就是眼前所见的大千世界、宇宙万物；由此往上提升，可以领悟到"能产自然"，也就是回到那生生不息的本体层次。

观点 2　**自然机体论。**歌德一再批判牛顿物理学的机械论，主张要用机体论的方式了解自然。只有使我们的观察与想象的直觉密切配合，才能洞察自然现象，发现它的本质，使个别与普遍统一。歌德所领导的自然哲学运动，试图把经验观察与精神直觉统合为一种自然科学。当时整个欧洲思潮的发展趋势，已经由机械论转向机体论，两种观念开始互相激荡，进化论逐渐流行。

歌德认为，自然界就是精神，自然界的精神通过人而产生它自己的秩序，人只是自然界自我显示的器官。因此，自然界的真理并非独立而客观的东西，而是显示于人的认识行动之中。歌德在对自然界的分析中，统一了诗人与科学家，由此开启浪漫主义的思潮。歌德的思想对于整个浪漫主义运动有风向标的作用。

孔德
(Auguste Comte，1798—1857)

19 世纪法国哲学的代表，实证主义创始人。代表作品《实证哲学教程》。

18 世纪启蒙运动时期，法国思想曾达到辉煌的境界。百科全书派主编达朗贝尔的学生是圣西门，孔德是圣西门的学生。科学家达朗贝尔曾经倡议科学化的哲学，要求哲学合乎科学研究的规范。

观点 1   **实证主义。** 孔德认为，科学进步之后可以取代哲学与宗教，为我们提供知识上的保障，提高我们对自然界的掌控力。所谓的"实证主义"就是一切都要以可感觉的事实作为出发点，并且限于描述可感觉的事实及其规律。它不同于实证方法，要对科学上的各种假设进行验证，从而得到科学理论。实证主义受到很多评论，因为它只是一套纯粹的理论，而且这个论断本身就与感觉经验无关。

观点 2   **知识三段论。** 孔德认为人类知识的发展有三个阶段，依次是神学阶段、形而上学阶段以及科学阶段。这是孔德最知名的主张。神学阶段以神话或者是超自然的神明行动来解释自然界现象；形而上学阶段用抽象的元素或普遍的本质来解释自然界的现象；科学阶段由实证科学产生统一的、普遍的规律，以此来解释自然界的现象。

观点 3   **人道宗教。** 孔德推崇人道，想藉此增强人性中微弱的利他性。因此，孔德要创造人道宗教，他参考天主教的架构设计了一整套制度，选择历史上对人类生活有杰出贡献的人来取代宗教的圣徒，要把自然科学的研究方法运用到社会、道德等各个领域中。这种人道宗教显然是一种主观的幻想，因为这些对人类有贡献的人物，彼此之间存在着各种矛盾与争议。

孔德把整个人类知识的发展分为三个阶段，认为现在到了实证阶段，要以科学为主。孔德认为，哲学要协调各门科学来改进人类的生活。孔德心目中的哲学，是要以科学的实证态度来探讨一切问题。

斯宾塞
(Herbert Spencer，1820—1903)

英国 19 世纪最知名的哲学家，自学成名。代表作品《综合哲学》。

观点 **进化论**。进化论是斯宾塞的核心观念，他认为进化是物质的结合与分散的过程，中间经过混同、分化、平衡和衰亡四个阶段。他要把进化论运用在每一门学问上，将所有的哲学问题都整合起来加以处理。

斯宾塞是为了建构系统而建构的哲学家，他以进化论来解释人类社会各方面的现状，甚至连道德都要建立在生物学上。他也用生物进化来解释人类的知识系统与整个社会的发展。可惜的是，他对进化论的知识连达尔文都不敢苟同。

费尔巴哈
(L. A. Feuerbach，1804—1872)

德国哲学家，唯物论者。代表作品《黑格尔哲学批判》《基督宗教的本质》。

费尔巴哈是黑格尔绝对唯心论最明显的反对者。当时有所谓的"黑格尔左派"，就以费尔巴哈的无神论与唯物论作为代表。他的唯物论把黑格尔的绝对唯心论整个翻转，认为真正存在的、重要的是自然界；无神论则彻底颠覆了基督宗教，不是上帝创造了人，而是人创造了上帝。

观点 1 **自然界才是人的根基所在**。费尔巴哈认为，真正第一序的存在是具有时空特色的自然界，人的思想或意识是第二序。存在本身应该是自然界，而非观念或者思想，自然界才是人的根基所在。费尔巴哈强调："真理、实在与感觉，是同样的东西。"宗教的主要对象其实是自然界，宗教是我们对自然界依赖的感受。费尔巴哈与黑格尔针锋相对，坚持把自然界当作第一序的存在。

观点 2 **不是上帝造了人，而是人造了上帝**。费尔巴哈要以人类学取代神学。他认为，神的本质就是人的本质，神根本就是人类自己的投射。宗教源自于人对于自然界的依赖感受，再经过人的自我投射，就形成"位格神"的概念。自然界可以满足人的物质需要，也可以满足人的自由想象，使人以为自然界是为人而存在的、具有某种内在目的，并且是有智慧的创造者的产品。费尔巴哈认为，人类这种自我投射其实显示了人与自己的异化，人只要明白"神"是人自己被理想化的本质，是被投射到超越领域时的名称，就克服了宗教中所包含的自我异化。所以，不是上帝造了人，而是人造了上帝。费尔巴哈拒绝一切宗教，尤其是基督宗教，他说："人类必须放弃基督宗教，才能够成为人类。"

观点 3　**国家成为绝对者**。费尔巴哈认为，人类学取代神学之后，人成为自己的目的，但这并非利己主义，因为人在本质上是社会性的存在。而人不能脱离现实的政治，政治必须成为人的宗教，于是国家成为绝对者。费尔巴哈说："人是国家根本的本质。国家是被实现、被发展的人性，是人性明显的整体。"换句话说，只有在国家里面，人性才能恢复完整。

费尔巴哈一方面把唯心论转变成唯物论，认为我们所见的自然界才是唯一存在的东西；另一方面，他认为宗教使人严重异化，所以要用人类学来取代神学。他提出唯物论和无神论，后来演变成马克思与恩格斯的辩证唯物论与经济史观。

马克思

(Karl Marx，1818—1883)

德国哲学家，马克思主义学说创始人之一。代表作品《资本论》《共产党宣言》等。

由于独特的成长背景与个人遭遇，马克思对于西方传统的宗教与政治，甚至对于传统的人生观与价值观，都提出很大的挑战。

观点 1　**唯物论**。马克思主张唯物论，用唯物论来解释人类整个历史的发展。真正的唯物论应该把自然界以及人类在自然界中的各种活动配合起来看，人对自然界的认识只有通过人的实践才有可能。人是在特定的社会关系中，有意识地进行这样的活动。人的社会存在决定人的意识，这是他的主要观念。从渔猎社会到农耕社会一路发展下来，物质生活的生产方式、经济条件与经济结构，决定了上层的政治、社会与精神生活的表现。

观点 2　**唯物史论**。马克思的历史唯物论又被称为唯物史观。马克思认为，历史发展的根源在于生产力与生产关系之间的矛盾。生产力是指人所拥有的一切条件，这些条件可以在生产活动中作为工具使用；生产关系是指在劳动过程中所包含的人与人之间的社会关系。生产力与生产关系之间始终存在着矛盾。马克思将人类历史发展分为五个阶段，最终通过革命实现无产阶级专政和共产主义社会。历史唯物论是马克思很有特色的观念，对社会与历史问题采取新的态度，进而为人类的知识打开新的途径。

观点3　**人不等于动物**。马克思对人的特色有精准的观察：一、人可以不受身体当下的需求所限制，主动进行生产活动。动物只注意到身体当下的需求；或者只能按照本能进行分工合作，谋求整个群体的生存与发展。二、在生产活动中，人可以让自然界再生（即改变自然界的风貌），也可以自由对待自己的劳动产品。三、人可以用任何方式进行生产，代表人有理性可以思考及选择；并且，人可以由其内在需求去运用他的生产成果，如此就有了审美与行善的可能。

观点4　**人性论**。马克思认为，人性是人自己在历史发展的过程中制造出来的，人性、自然界与人的生产活动互相影响。人的生产活动就是劳动。劳动是自我实现的过程，具有创造性，它本身就是目的，而不是达到其他目的的手段。换言之，人在进行创造性或生产性的劳动时，就是在自我实现，因而也应该是自由而快乐的。但是马克思观察到，当时工业社会中的大多数工人的劳动都出现了"异化"现象，人在工作中不但没有实现自己，反而导致自我否定，工人的人性特质与尊严也逐渐消失。

观点5　**共产主义的理想社会**。共产主义要化解人类与自然之间、人类与人类之间的矛盾对立，要消除自由与必然性之间的斗争。共产主义要积极扬弃私有财产与人类的自我异化，使人类获得真正的本质。社会上有各种阶级，但是阶级中的人不是整合的；只有消除经济上、社会上、宗教上的自我异化，人才可能成为完整的人。最后，人性的伦理将取代阶级伦理，建立真正的人文主义社会。

马克思提出的"共产主义"对世界的影响有目共睹。哲学家应该要切入现实人生，而不应该只关在象牙塔中沉思。这种观点已经被现代哲学普遍接受。不过，如果哲学与现实结合得太紧密，就可能随着时空条件的改变而过时。20世纪后期，欧洲出现新马克思主义，要设法修正和重新诠释马克思的思想。社会主义国家也结合时代需求，修订具体政策，向着马克思所揭示的人文主义社会而前进。

亚当·斯密

(Adam Smith，1723—1790)

英国经济学家、哲学家。代表作品《国富论》《道德情操论》。

亚当·斯密的思想在 18 世纪颇有代表性。亚当·斯密原来是探讨道德哲学的专家，《道德情操论》是他这方面的杰作。

观点 1　**同情是道德的起源**。基于对别人的情绪和处境的观察，人就会设身处地想象别人的情况，由此产生同情。亚当·斯密认为，这种同情就是道德的起源在感情上的基础。因此，他的学说被称为"情感主义的伦理学"。

观点 2　**公正旁观者**。同情是人的天性，人与人之间自然会产生同情心，所以你要设法从"公正旁观者"的立场，去判断一个人的行为是否合适。亚当·斯密认为，一个行为由动机与感情所组成，再表现为外在的动作。可能每个人的外在动作都相似，但是后面的发展如何则要靠机运。所以，与别人来往要尽量对别人的言行采取公正旁观者的态度，采用与自己利害无关的客观规范作为判准，而不要滥用同情心或者过于随意。

观点 3　**对待自己要采用良心原则**。要努力从别人的眼光来看待自己的言行表现，等于是把"公正的旁观者"搬回内心，做心中半神半人的裁判，来对自己进行判断，要求自己履行责任。亚当·斯密认为，责任感就是对普遍准则的尊重。但没有先天的普遍准则，所有准则都是我们从经验中学习、归纳出来的。人生要不断进行德行修养：首先，自爱会要求我们审慎；其次，与别人来往要有仁慈与正义；第三，要培养自制，约束自己。这就是亚当·斯密对道德情感来源的看法。

亚当·斯密对于经济学有一定的贡献；在道德观念方面，他总结了当时强调情感的伦理学的观点。

弗洛伊德

(Sigmund Freud，1856—1939)

奥地利心理学家，精神分析学派创始人。代表作品《梦的解析》。

弗洛伊德是现代重要的心理学家，他通过研究人类做梦的事实，发现人类的潜意识，认为人类表现出来的一切都受潜意识的状况所决定。

文明意味着对人性的压抑。弗洛伊德认为，文明标志着人类的进步，但社会制度同时也压抑了人性。弗洛伊德认为化解痛苦有三种方法：转移注意力、寻找替代性满足以及麻醉自己，但效果有限。群体文明对个人的压抑，最主要体现在两个方面：性本能与侵略本能。文明虽然可以让众人好好相处、彼此相爱，但家庭、地位、禁忌、风俗、法律等都会牺牲人的性本能。由于我对别人以及别人对我都有敌意，所以弗洛伊德归结出人的本能有一种"侵略性"（或进攻性）。人的侵略本能是文明最大的障碍，文明必须压抑这样的本能。

观点 2 **"本我、自我、超我"三分说**。**本我**是天生的本能，它驱动着要求欲望立刻得到满足；**自我**是本我沟通外界的媒介；**超我**是后天习得的社会规范，良心是超我的一种功能。文明的压抑使人的侵略性转向内部，以良心的形式出现。良心的作用在于监视个人的侵略欲望。超我就表现在良心上。所谓"内疚"，就是严厉的超我与受制于超我的自我之间的紧张关系。文明不仅是个人自我的超我，也是人类集体的文化超我。弗洛伊德反对文化超我的伦理要求，他要降低文明给人的压力。

弗洛伊德的分析相当深刻，他认为，解决文明压抑最根本的办法就是取消对文明不必要的恐惧，这只有通过他的心理治疗才能实现。

斯金纳

(Burrhus Frederic Skinner，1904—1990)

美国心理学家，新行为主义学习理论的创始人，新行为主义的代表人物。代表作品《超越自由与尊严》。

行为科学心理学派又被称作行为主义心理学，行为主义不谈人性，强调只研究能够看到的人的外在行为。在他之前的学者通过研究动物的行为，发现动物经由刺激会有反射动作。斯金纳把动物实验的结论用于理解人生的问题。

观点 1 **环境决定一切**。斯金纳认为，心理学要研究的是联系环境与行为的规律。人的行为是由某些科学规律所支配，这些科学规律说明了环境因素与人类行为之间的因果关系。"因"就是外在环境因素的条件，也就是制约的情况；"果"就是人类的行为。斯金纳认为，人完全受环境控制，人类的所有行为都是环境作用的结果。

观点 2 **人是环境的产物**。人的心理状态、知觉作用、认知能力、思维方式以及哲学见解，都由环境复杂的相关性所决定。换言之，人的行为完全取决于他的环境条件。斯金纳认为，是社会环境决定了我们要以某种道德的方式来行动。人根本没有真正的自由，所以也没有尊严的问题。人类为自由而奋斗，不是因为人有自由意志可以追求理想，只是因为要摆脱环境中的不利因素而已。人的自由在于不被别人的蓄意安排所控制。

马克斯·韦伯
(Max Weber，1864—1920)

德国社会学家。代表作品《新教伦理与资本主义精神》。

新教伦理不是指传统天主教的伦理观，正是新教伦理让一个人既充分发挥能力，又不至于耽溺于世俗的享受。它们让一个人有合乎经济要求的理性主义，由此确立资本主义的精神。

观点 1　**新教伦理。** 韦伯研究的新教伦理有三点主要内容：**天职观、预定论与入世禁欲主义**。所谓"**天职观**"，就是肯定一个人的职业是上天给他的任务。因此要把完成世俗工作的义务，当作他道德行为能力所能达到的最高形式。基督徒将投入世界争取现世的成就视为荣耀上帝的最好方法，并以此作为自己的使命。**预定论**是加尔文教派比较特别的主张，强调个人的命运由上帝所预定，这强化了信徒的主体自觉与自律，每个人都要为自己负责。加尔文教派最大的贡献就是提出**入世禁欲主义**，这种禁欲主义使基督徒的职业观得到明确的指示：要在世俗生活中通过禁欲活动来建功立业，以此作为宗教生活的完美典型；同时要以财富作为荣耀上帝的手段，赚了钱之后仍要节制欲望。

观点 2　**资本主义精神。** 韦伯所谓的"**资本主义精神**"，简单来说就是美国开国元勋富兰克林所说的"时间就是金钱，信用就是金钱，金钱可以产生金钱"。由此会进一步遵守工作纪律，倡导勤劳节俭，强调严谨生活，反对奢侈怠惰，肯定现世的正当经济活动有它的价值。这样才能用前所未有的道德使命感，兢兢业业地从事世俗的经济活动，履行自己的天职，以世间的成功，来证明对上帝的信仰，以此荣耀上帝。这就是由新教伦理造就的资本主义精神。
韦伯把资本主义精神与新教伦理建立关联之后，进一步研究其他文明、宗教与社会，发现它们都无法孕育出资本主义精神。这种说法后来受到日本学者福山的挑战。儒家也有天职观与入世禁欲主义，同样可以造成资本主义社会。

边沁

(Jeremy Bentham，1748—1832)

英国法理学家、哲学家等，西方效益论的创始人。代表作品《道德与立法原理引论》。

观点 1　**效益论**。效益论由边沁首先提出，他受到休谟的启发，发现效益的观念，就是做任何事都要看它最后的结果和利益，简称"效益"。效益论认为，善在于效益，要考虑行为的结果。"谋求最大多数人的最大幸福"是效益论的主要标签。效益论建立在西方传统的快乐主义之上，从快乐主义延申出效益原则：效益是一个行为使当事人得到求福避祸的效果。采取任何行动的时候，都要考虑这个行动能在多大程度上增加或减少当事人的幸福。在社会上，没有一个人的幸福与别人无关，所以要考虑最大多数人的最大幸福，简称为"最大幸福原则"。

观点 2　**效益原则是唯一正确的原则**。边沁认为，效益原则是唯一正确的原则，也是在政治学、法律学、道德规范方面的普遍原则。道德是利用人追求快乐及赞赏的心理，法律是利用人避免痛苦及惩罚的心理。生活中的禁欲主义、同情和反感原则、神学原则，表面上看起来违反效益原则，其实从根本上都脱离不了效益原则。这就是边沁效益论的观点。

观点 3　**苦乐的计量方法**。一个行为所带来的效益，是要追求快乐、避免痛苦。但是要按照苦与乐的数量进行计算与比较，才能充分运用效益原则。边沁指出，要计算苦乐，就要先知道苦乐的来源以及决定苦乐的条件。苦乐的来源有四种，即所谓的"四种制裁"：自然的制裁、政治的制裁、道德的制裁、宗教的制裁。苦乐来自于这四种制裁，具体计算时要考虑七个要件：强度、持久性、确定性、远近性、派生性、纯粹性和范围。

观点 4　**道德在于效益**。边沁认为，道德在于效益，亦即在于行为的结果。行为造成后果，后果就可以拿来计算。哪些因素会影响行为的结果呢？边沁提出六个因素：动机、意向、意识、客观环境、一般习性、行为本身。其中，最引人注目的是动机和意向。所有的动机都是中性的，都有任意性或不确定性。所以，重要的还是行为的后果，效益才是人能够考虑的。边沁的结论是：道德只是达到效益的手段；效益在于后果，只能按照客观的、外在的标准来判断行为的后果。

一般说来，英语系国家从英国经验主义之后，都比较推崇效益论。效益论在建构社会秩序与制定政治措施方面有明显的作用，其具体内容值得我们参考。

密尔

(John Stuart Mill，1806—1873)

英国哲学家、心理学家，效益论第二位重要代表。代表作品《效益论》。

密尔建构了效益论的完整系统。边沁在他的效益论主张里只关注到"量"，密尔强调人的幸福不能只考虑"量"，还要考虑"质"。

观点 1 **人类的幸福超越了动物**。密尔认为，效益原则是道德生活的根本。人生的目的就是要得到快乐，避开痛苦。密尔说："人不会放弃人类的快乐而去寻找动物的快乐。"即人与动物的快乐应有不同的层次。这就是密尔超越边沁的地方，他肯定人的生命与动物有不同的性质，所以人可以选择更高层次的快乐。

观点 2 **幸福的丰富与验证**。人生的终极目的是要求乐避苦，让自己在"量"与"质"两方面都可以享受生活。密尔讨论了宁静与兴奋、对别人同情、自己有修养、对任何事物都感兴趣等，可见幸福是非常丰富的。一个人觉悟到更高层次的幸福，就会超越较低的本能层次。这样一来，快乐自然就比较丰富，也比较容易获得。幸福要如何验证？密尔说："人的一切作为都是在追求幸福。……除了幸福，别无可求之物。人欲求的一定是两者之一：要么它本身是幸福的一部分，要么它可以作为手段来达到真正的幸福。"这就是效益论非常明确的表达。

观点 3 **幸福也可以自我牺牲**。密尔的效益论也强调自我牺牲，甚至把自我牺牲当作最高的德行。一个人行为的判断标准不只是为了行为者自身的幸福，而是为了一切相关的人的幸福。主张效益论就要追求大多数人的最大幸福，因此他会为了多数人着想而愿意牺牲个人幸福。密尔认为，金律与效益论的理想是一致的：法律与社会组织应该协调个人利益与全体利益；教育与舆论应该联系个人幸福与全体幸福。密尔提出，如果有人不遵从效益论，就会受到内外两方面的裁决：一是个人内心的裁决，二是社会舆论以及宇宙主宰的外在的裁决。这在西方传统里可以得到相当大的支持。

摩尔

(G. E. Moore，1873—1958)

英国哲学家，效益论第三位重要代表。代表作品《伦理学原理》。

摩尔属于分析哲学学派，他深入分析伦理学的概念，他的说法后来演变出"分析伦理学"。

观点 1 **善不可定义**。这是摩尔在伦理学上的基本立场，善的定义是摩尔讨论的重点。摩尔坚持认为不能给善下定义，善是单纯的、独特的、不能分析的思想对象，它没有"部分"。摩尔说，虽然善不能分析也不能下定义，但是它直接呈现给人的心灵，心灵可以凭直觉把握它。这属于直觉主义的说法。

观点 2 **自然主义的谬误**。只要谈到伦理学中善的概念，大家都会想到"自然主义的谬误"，这是摩尔最主要的贡献。所谓"**自然主义的谬误**"，就是把善与另外一样东西连起来，说它们之间有一种确定的关系。"另外一样东西"可能是自然的客体（自然界存在的某个物体）或者是超感觉界的客体。譬如，说"人性是善的"就明显犯了自然主义的谬误，因为"人性"是人生下来就具有的自然状态与性质，把人性与善连在一起，就混淆了事实与价值。

麦金太尔

(Alasdair MacIntyre，1929—至今)

当代哲学家，德行论的当代代表人物。代表作品《德行之后》。

观点 麦金太尔提出一套新的德行论，希望藉此解决当前的伦理学争议。他认为，要找到一个新的、统一的、可作为核心的德行观念，至少要考虑以下三个方面：实践的角度、个人整体的角度，以及传统与群体的角度。德行论在西方源远流长：从古希腊时代最早的英雄社会，到雅典的城邦社会，到亚里士多德时整合出一套完善的德行论，再到中世纪宗教信仰盛行的时代，甚至把德行与来世的赏罚结合在一起。

现代哲学

现代哲学从 19 世纪后半期发展至今，虽然只有一百多年，但其内容非常丰富，比起前面两千多年不遑多让。

克尔凯郭尔
(S. Kierkegaard，1813—1855)

丹麦哲学家，存在主义创始人，自认为使命是唤醒昏睡中的人。代表作品《非此即彼》等。

克尔凯郭尔生活背景独特，由于宗教上的深刻体验而掌握到了存在的特色。他开启了存在主义思潮，使个人生命的"存在"变成一个关键词。

观点 1　　**存在就是选择成为自己**。所谓"存在"并不是选择这个或那个、选择善或恶，而是选择成为自己。人生的奥秘就是在可能性与必然性之间来回运动，存在就是选择成为自己的可能性。

观点 2　　**人生的三种绝望**。克尔凯郭尔认为绝望是致死之疾，人生有三种绝望：不知道有自我而绝望，不愿意有自我而绝望，不能够有自我而绝望。

观点 3　　**人生三个阶段**。克尔凯郭尔指出人生的三个阶段之间都是一种存在的抉择，要勇敢向上跳跃。感性阶段的特色是"外驰"，容易耽溺于官能享受；问题是难免陷入不安和忧郁。理性阶段的特色是内求，自我用理性来判断道德责任；问题是"自以为义"。宗教阶段的特色是"依他"，要用启示胜过理性，用信仰超越人伦。

观点 4　　**人生是不断选择的过程，选择就会带来焦虑**。焦虑既是存在主义的一个核心观念，也是贯穿每个人一生的一种状态。选择会面临时间上与责任上的压力，最终还要面对死亡的压力。因此，选择必然会带来焦虑，焦虑就变成人在本质上最基本的状态。焦虑没有明确的对象，因为它的对象是空无，而空无又与人自由选择的可能性密切相关。

观点 5　　**主体性的真理**。克尔凯郭尔一向主张言行一致或知行合一，所谓"主体性的真理"是指我这个主体所体验到的、对我为真的真理，我可以为之生、为之死。克尔凯郭尔所强调的是主体性的真理，而非传统所谓的客观真理。换言之，只了解真理还不够，一定要付诸行动，才是真正的真理。

观点 6　　**单独的个人**。所谓"单独的个人"，即是超过一般人所能达到的情况，而不是人群或群众之一。克尔凯郭尔发现，永恒是人之所以为人的本质所在。人与永恒的上帝在这一点上有了特定的连结。要做在上帝面前的人，才是真正做人；做一个真正对自己生命负责的人，才是一个站在上帝面前的人。

克尔凯郭尔引发了 20 世纪最重要的存在主义学派。存在主义学者的思想有极大的差异，但他们还是有共同的问题与关怀。

尼采

(F. W. Nietzsche，1844—1900)

德国哲学家。代表作品《权力意志》《悲剧的诞生》《查拉图斯特拉如是说》等。

尼采具有反抗的个性，勇于接受人生的考验；尼采碰触到人的最高以及最低的底线，代替人类测试所有的底线，以至于最后崩溃发疯了。尼采对于宗教、道德、哲学以及科学等领域提出了广泛的批判，尼采的思想颠覆了西方的道德思想和传统价值，揭示了人类所面临的精神危机。尼采对存在主义和后现代主义哲学的发展影响很大。

观点 1　上帝死了。尼采出版《欢悦的智慧》一书，通过借用其中的一个寓言故事提到上帝已死，说明西方人的宇宙观已经瓦解，人生观受到挑战，而价值观必须重建。简单来说，要把"上帝已死"理解为，尼采要为西方文化重新界定价值系统。尼采说"上帝已死"，是要强调今后上帝不再为人的存在负责，人必须自己负责。

观点 2　超人哲学。尼采提出所谓的"超人"不是靠自然的进化，而是要靠个人的抉择努力提升及超越自我，走过人类各种软弱及虚幻的处境。超人是大地的意义，地球存在的意义是为了让人成为超人。人完全就是身体，生命本身是一种"**权力意志**"，对自己要做英雄式的肯定，因为没有经过痛苦的淬炼，就不可能提升转化。超人的本质就是战士，必须自己承担所有的责任，重新建立新的价值观。尼采把一切都归结为"权力意志"，由此建构出一个超人哲学的系统。

观点 3　求力量的意志。"求力量的意志"常被翻译为"权力意志"。求力量的意志是普遍存在的，生命的本质就是要追求更大、更多的力量。这种意志在人的身上表现为，在做自由选择时需要某些道德的原则。

观点 4　强者道德。强者的道德是自我肯定的道德，又叫主人道德。尼采强调主人道德而歧视奴隶道德。"主人道德"以优胜劣败的方式来表达，亦即用强弱原则来代替善恶原则。所谓"奴隶道德"，是指传统以来尤其是基督教所提倡的道德，纯粹从弱势方面去看待善恶，它让人慈善、谦卑，压抑身体本能的欲望，追求来世的福报，等等。尼采以强弱原则代替善恶原则，有明显的反理性主义色彩。

观点 5　人的精神有三种变化。一是变成骆驼。骆驼意味着尊重传统，保持信念，负重而行。骆驼阶段的特色是听别人对你说"你应该"。二是变成狮子。狮子是奋斗的象征，代表主动的精神力量，具备克服一切困难的意志。狮子阶段的特色是对自己说"我要"，展现自由的精神。三是变成婴儿。"婴儿"代表克服虚无主义的危机，显示纯洁及新生的力量。婴儿阶段的特色是从"我要"变成"我是"，肯定当下的一切永远可以重新开始。

尼采发现整个欧洲的价值系统需要重建，他从"上帝死了"这个震撼的命题展开思考，后续发展为存在主义的主轴思想。所有价值的基础在于生命。所有价值来自于人类本身，而不必诉诸超越界。从人类本身就可以发展出"超人"。

胡塞尔

(Edmund Husserl，1859—1938)

德国哲学家，现代哲学之父，现象学的创始者。代表作品《作为严格科学的哲学》。

胡塞尔之所以被称作现代哲学之父，是因为他推广的现象学运动，使现象学成为一种严肃的方法论。

观点 1 **现象学**。现象学的基本立场是回归事物本身，要排除各种成见、理论或预设，而只就现象本身来看。现象学的关键在于意识的意向性，意识在本质上都是指向意识之外的事物，不可能有意识而没有意识的对象。所谓"意识"就是意识到某个对象；所谓"现象"是指在意识中呈现出来的事物。现象学是一种方法，目的是使现象不受曲解，并在现象出现时正确地加以描述。

观点 2 **自由想象法**。现象学是用描述的方法，阐明一个对象中普遍、必然、不变的特性，就是它的本质。自由想象法就是通过自由想象各种例子，来说明一样东西不可缺少的本质所在。自由想象法是现象学具体应用的方法。

现象学直接影响哲学里的存在主义、诠释学等，如德国的海德格尔与舍勒，法国的萨特与梅洛-庞蒂等人，都受到胡塞尔很大的启发。

陀思妥耶夫斯基

(Fyodor Dostoevsky，1821—1881)

俄国文学家。代表作品《罪与罚》《卡拉马佐夫兄弟》《白痴》等。

18 世纪后期，俄国才开始接受以欧洲为主的启蒙运动思潮，宗教的背景使俄国人的心灵进入一种深刻的反省。陀思妥耶夫斯基的年代比克尔凯郭尔稍晚，比尼采早 23 年。他作品中的思考与反省，与存在主义可以高度配合，他提出的问题其实是康德哲学的某种反映与延伸。

陀思妥耶夫斯基是文学家，他的思想没有明确的系统，但他的小说充分反映俄罗斯社会的复杂状况，其中反复出现各种哲学问题，再配合他深刻的人生体验，往往能给读者带来巨大的震撼。他准确揭示了基督宗教所面临的共同挑战，即教会与耶稣形成一种对立状态。更麻烦的是，教会总有统治这个世界的欲望。基督宗教始终不能完全体现耶稣基督爱人、救人的精神。基督宗教的共同挑战直到今天依然存在。

雅斯贝尔斯

(Karl Jaspers，1883—1969)

德国哲学家。代表作品《存在哲学》等。

雅斯贝尔斯强调每个人存在的独特和自由性。

观点 1 **轴心时代**。雅斯贝尔斯最让人熟知的，是他在其著作《历史的起源与目标》中提出，公元前 800 年至公元前 200 年是人类精神文明的突破时期。后来被称作人类文化的轴心时代。

观点 2 **人就是自由**。所谓"自由"，就是选择自己以及成为自己。人生的目标是让自己的生命有一个圆满的发展与结局。雅斯贝尔斯认为的自由需要三项条件：首先要有某些知识，不能盲目做选择，要知道有哪些选项或可能性；其次要意识到某些规范，根据某些标准来做出选择；最后要有自由意志。

观点 3 **人是存在于对上帝的关系中的存在者**。我们并未创造自己，而是在自由选择中发展自己。人的自由就是不要让自己陷入物质领域，而要努力向上提升。自由与命令不可分，而命令与超越界有关，人的自由要求被引导。只有被上帝引导，才能与上帝相遇。与上帝相遇不一定涉及宗教信仰，雅斯贝尔斯强调的是：要找到自己的来源与归宿，使生命得到真正的安顿。

观点 4 **四大圣哲**。雅斯贝尔斯把苏格拉底、佛陀、孔子与耶稣并列，认为他们的思想成为后代一再回顾的重要资源，给人类的生命带来希望与信心。四大圣哲的共同特色在于：让个人获得解放；让人正视痛苦；提醒我们死亡不是终结，而是获得解脱或拯救的机会。

观点 5 **存在哲学**。存在哲学是一种思想方式，人借着这种方式寻求成为自己。存在哲学对客观世界暂时存而不论，将焦点转向自己，要照明人的存在。它唤起一个人自己的自由，让人觉悟到我就是自由，目的是使人提升走向超越界，找到万物的来源与归宿。

观点 6 **哲学的三重任务**。雅斯贝尔斯认为哲学有三重任务：第一是世界定向，第二是人的存在照明，第三是追求超越界。人的理性要求突破"内存性"，去探讨真正的存在本身。"存在照明"是将焦点放在人的存在上，设法把它看得完整而透彻。哲学的意义在于敢于深入探究人类自身无法抵达的根基，这一探究过程就是不断的超越。

观点 7 **界限状况**。所谓"界限状况"是说，人在身心灵各方面都会遇到瓶颈并且注定会陷入虚无。人仅凭理性，对于"痛苦、罪恶、死亡"这三大奥秘无法彻底了解与解决。你用何种态度面对这些失败经验，将决定你生命的质量。哲学的起点就在于对界限状况的思考，以及对宇宙万物的惊奇与怀疑。

观点 8 **统摄者**。雅斯贝尔斯的统摄者有两种形态：人是小的统摄者，每个人都是思想、情感、意志的核心。人这种小的统摄者有明确的限制，因此人要突破限制进入到真正的统摄者之中。雅斯贝尔斯所谓的"统摄者"，是指包围一切的、最大的一种力量。雅斯贝尔斯不愿意把"统摄者"称作"神"或"上帝"，因为他不相信任何制度化的宗教，尤其是启示宗教，认为那些与他的哲学没有直接的关系。

雅斯贝尔斯的"存在哲学"对哲学有特定的看法：哲学虽然没有发现新的事实，但它却是有意义的思想方式。他的存在哲学充满了启发与力量，其特色在于他从传统哲学的伟大人物那里学到了很多重要观念，从而摆脱了个人生命经验的局限。

海德格尔

(Martin Heidegger，1889—1976)

德国哲学家，20 世纪对人类影响最深的哲学家。代表作品《存在与时间》。

海德格尔的主要特色是：坚持探索存在本身。传统的形而上学一向探讨存在本身，海德格尔认为，现在的形而上学应该探讨作为"存在"对面的"虚无"。

观点 1 **遗忘了存在本身。** 海德格尔认为，西方哲学早就遗忘了存在本身。传统的形而上学的办法是把存在物当作存在物看，来探讨万物背后的本体。这样寻找本体的问题是会受限于存在物的抽象性质，而忽略真正的根源。真正的根源没有名字，只能说它是存在本身。结果人遗忘了存在本身，只是在存在物里面打转。海德格尔提醒我们，一定要清楚掌握"存在学上的差异"，否则很容易遗忘存在本身。

观点 2 **哲学是对存在者的存在本身的回应。** 海德格尔重新找到哲学思考的出发点，他说："必须从提出存在本身问题的存在者的存在状况着手。"存在者就是人类，人类的根源就称为存在本身。"存在"就是选择成为自己或不成为自己的可能性，选择才会决定一个人的本质。

观点 3 **人的三个特性。** 此在是指人（尤其是个人）的存在，此在有三个特性，此在对万物、对其他人开放，更重要的是要通过此在向存在本身开放。此在的第一个特色是心情，针对自己；第二个特性是了解，这代表我是开放的；第三个特色是言语，针对别人。

观点 4 **人的本质就是挂念。** 此在（个人的生命）的本质就是挂念，挂念离不开焦虑，因为人要在时间的过程里选择自己的未来。挂念与时间性的关系，生动地指出人的生命特色。因此，要把"此在"当作"走向死亡的存在者"。

观点 5 **回归存在本身。** 海德格尔强调，人生最重要的是找回或回归存在本身。存在本身必须通过此在才可以彰显。此在经验到自己的时间性与有限性，就向存在本身开放。存在本身永远是万物的动力来源，并且包含万物为一个整体。

在存在主义学者中，海德格尔的思想完整而深刻，并且具有高度的概括性。海德格尔掌握到根本的关怀以及具体的入手之处，他从提出存在本身问题的人的存在状况着手，由此去探讨存在本身。他用精准的线条，以素描的方式，把人类所能思考的领域全都勾勒出来。

马塞尔

(Gabriel Marcel，1889—1973)

法国哲学家，存在主义的代表人物。代表作品
《形而上学日记》。

马塞尔的哲学被称作希望哲学，他充分肯定了人
与人之间的正面互动。

观点1 **希望哲学**。所谓"存在"就是与别人一起存在；所谓
"存在本身"就是爱的力量，它是一切价值的根源，是
恒久的人间之爱的保证。马塞尔的哲学被称为希望哲
学，因为他从爱出发，连上存在本身。这种爱具有活力
和创造性，可以给生命带来希望，甚至能克服死亡的
威胁。

观点2 **存在感觉论**。传统的感觉论把感觉当作外在感官所产生
的作用，而不是人的生命的一部分。马塞尔认为，感觉
是感官的当下参与、直接参与，它是纯粹的当下。感觉
是直接的，它不可错误；反省后才有对错的分辨。感觉
来自身体，而身体不是工具，所以感觉不能被看作只是
传递和接收信息。

观点3 **身体主体**。马塞尔认为身体也是主体，我就是我的身
体。身体和灵魂不可分，马塞尔把人界定为"成为身体
的存在者"，精神不再是抽象的东西，身体从客体变成
主体。我的身体就是我，我与你构成了我们，由此出现
主体之间的关系，形成共同的主体。

观点4 **拥有就是被拥有**。"有"与"是"经常是此消彼长的
关系。你拥有的愈多，你所是的就愈少。马塞尔还说：
"拥有就是被拥有。"一个人拥有的东西愈多，他就愈不
自由，因为他也被他拥有的东西所拥有。

观点5 **第二反省**。马塞尔批评笛卡尔的第一反省，把思想当作人
的本质所在，演变成身心分裂的二元论，从而带来各种复
杂的问题。马塞尔的"第二反省"超越及修复第一反省
所失去的存在，回到存在本身的完整性；同时还要回到第
一反省之前的经验，找到"主体际性"，即主体与主体之
间的关系。总之，第二反省要通过由爱出发的生命经验与
存在反省，使人重新回到存在本身的奥秘之中。

观点6 **临在哲学**。马塞尔的临在哲学谈到"我与你"的关系。
"临在"是指我与你同时在场，两个人互为主体，让自
己的存在立体化，接着有一种同在的关系。这种临在关
系会给人的生命带来无限的动力，使人充满爱心，同时
完全自由。所谓圣贤就是把"我与你"这种无偿性发
挥到极致的人。

马塞尔擅长用戏剧、散文、杂记来表达他的哲学思想。他继承克尔凯郭尔的许多观念，再进一步发展出积极的人生路线。

卡夫卡
(Franz Kafka，1883—1924)

捷克作家。代表作品《审判》《城堡》《变形记》。

观点　卡夫卡的小说将存在主义对荒谬与焦虑的感受表现得淋漓尽致，其作品特色在于，以强烈的清晰度来探索整个时代的氛围，反映世纪之交的荒谬气氛。后世用"**卡夫卡式的**"来指称那些超现实的、恐怖的、神秘怪诞的、创造失望气氛的小说风格。

卡夫卡一生至少经历了五个方面的**异化**，让他觉得自己在世界上像一个局外人。这其实也反映出人类的根本处境。卡夫卡具有像先知一般敏锐的感受，他的作品预言了第二次世界大战期间犹太人在集中营的处境，并对后续的存在主义作家如萨特、加缪等人有重要的启发。

萨特
(Jean-Paul Sartre，1905—1980)

法国哲学家、作家，"存在主义"的发明人。代表作品《存在与虚无》。

1964 年获得诺贝尔文学奖，他创作了很多小说和剧本，反映了他的哲学思想，对于人类的各种处境都有相当深刻的反省。

观点 1　**人有说"不"的自由**。人的本质就是自由，自由在本质上是否定的，其具体表现就是对一切说"不"。说"不"代表否定，也就是虚无，人是虚无进入世界的渠道，由此创造一个不同的世界。

观点 2　**存在先于本质**。萨特认为自由可分为本体的自由和处境的自由。意志自由是价值的基础，自由就是人的存在，本质由自己自由创造。自由要在具体处境中才能运作，你的自由选择会决定这些处境的意义。萨特认为，人被宣判为自由，人始终要超过自己的本质而存在，超过自己的行为动机而存在，甚至可说人就是自由。

观点 3　**存在与虚无**。萨特将人类以外的宇宙万物称作"在己存在物"，将人的意识称作"为己存在物"。为己存在物就是意识，"为己"的存在方式首先是时间性，其次是超越性。为己（人的意识）总在活动之中，它会不断筹划自己的未来，否定自己的过去，总是企图超越自身、超越世界。人的存在是荒谬的，人是虚无的起因，是虚无藉以来到世界的渠道。

观点4　**他人就是地狱**。人是"为己存在物"，别人是我不自由的来源。别人把我当作客体来注视，会使我的自由消失。注视是最让萨特担心的。人与人就在互相注视当中产生了紧张、焦虑、不安，甚至产生各种罪恶的念头。人的本质就是意识，意识可以带来否定的作用，并且总在否定之中。所以，意识是虚无的来源。

萨特的存在主义过于强调个人主观的自由抉择，把别人当作地狱，个人陷于意识虚无化的不断否定之中，很难找到希望或是方向。萨特的思想一路发展，都带着悲观的情绪。

加缪

(Albert Camus，1913—1960)

法国哲学家、文学家。代表作《异乡人》等。

1957年获得诺贝尔文学奖。加缪的作品是整个时代的缩影，他以荒谬作为出发点，然后进行反抗，目的是要走向自由。

观点1　**荒谬**。加缪认为，荒谬是人类最根本的处境，人无法摆脱这种处境。首先，荒谬是一种遭遇和对峙。人的理性与世界的非理性之间的遭遇和对峙，就造成了荒谬。其次，荒谬是一种关系。荒谬既不在人也不在世界，而在于二者结合又分裂的共同关系。最后，荒谬具备特殊的"三合一"状态。

观点2　**荒谬的三种结果**：我的反抗、我的自由、我的热情。荒谬是以说"不"的反抗方式，肯定另外一种模式的存在。加缪主张"从质的伦理转向量的伦理"，你必须不断地体验生活，好好注意当下生命的处境，并感觉到自己的自由。荒谬与幸福两者不能分开，人要自己创造生命的意义。加缪所谓的"热情"就是关怀人间，希望给人类找到一种新的幸福。

观点3　**反抗**。加缪说："我反抗，所以我们存在。"荒谬自然会引发反抗，所谓"反抗"就是对荒谬说"不"，然后对另一种情况说"是"。表达荒谬，在根本上是肯定荒谬的反面有一些东西存在。反抗有三个不同的层次：盲目的反抗，反抗与价值，反抗与革命。

观点 4　　**反抗哲学**。加缪赋予"反抗"以积极的价值，以之作为自己的伦理学的基础，被称为反抗哲学。反抗哲学作为一套哲学思想，可以概括为四点主张：肯定生命是善的并值得活下去；要寻求一位新的神作为道德规范的基础和充当生命意义的根源；寻求人类合一；乐观的奋斗。由此可见，加缪的反抗哲学可以给人带来希望。

加缪的反抗哲学显示了一种开放的人文主义，加缪的思想可以带我们走出虚无主义。

威廉·詹姆斯

(William James，1842—1910)

美国心理学家、哲学家，美国实用主义的主要代表。代表作《实用主义》《要信仰的意志》。

观点 1　　**实用主义**。实用主义的本质是实效主义，代表观念有实际的效果。詹姆斯主张实用主义，立场是彻底经验论。他承认实用主义是经验主义的一种，但不是英国那种经验主义。实用主义是"向前看"的，它看向未来。世界并没有统一，统一需要人类的努力。

观点 2　　**两种哲学家气质**。一个人的哲学立场往往取决于他天生的气质是软心肠还是硬心肠的。软心肠的比较偏向于理性主义，强调唯心论，比较乐观，肯定宗教信仰，重视感情、意志等。威廉·詹姆斯本人则属于硬心肠的，偏向于经验主义，实事求是，不给人幻觉，比较实在甚至悲观。

观点 3　　**彻底经验论**。彻底经验论的基本设定是，只有可以经验的事物才是哲学的合法题材。各种经验材料之间的关系本身也是经验的对象。经验本身就有连续性与整合性，无需抽象的理性再来整合经验。彻底经验论承认"关系"也是经验的对象，要把各单元之间的关系也一并掌握。

观点 4　　**要信仰的意志**。人活在世界上，有些选择是必要而且重大的，选择之后就会改变自己的生命，所以不能逃避。世间没有绝对不变的真理或道德标准。理性的证据有限，人有权利选择自己的信仰；你必须选择某种信仰或世界观，不能保持中立。不选择也是一种选择，等于选择了放弃。

观点 5　　**实用主义的真理观**。所谓"真理"，就是一个观念必须造成令人满意的效果。真理取决于最后的效果，让人与世界达成令人满意的关系。真理就是有用。实用主义的真理是个别的，并没有统合的、绝对的真理。真理有可能错误，因为真理不能脱离人生。真理不是先天的，而是我们在经验过程中所造成的。

威廉·詹姆斯提出实用主义作为美国哲学的代表，主要目的是为了调和科学与宗教的冲突。詹姆斯强调实用主义基本上是一种方法，是把过去正确的思考方式重新加以介绍和阐发，目的是要澄清概念，将这些概念（或信念）与它的后果联系起来。实用主义这种方法其实就是成功的科学家所采用的实验的方法，可以由此得到高度的确定性。

舍勒
(Max Scheler，1874—1928)

德国现象学哲学家，价值客观论的代表。代表作品《伦理学中的形式主义与质料的价值伦理学》。

舍勒的基本立场是人格主义，被认为是现象学界的第二号人物。

观点 1 **人格主义**。一个人在面对不同对象的时候，会显示出不同的角色，就像换上不同的面具一样。舍勒批评当时最流行的先验方法与心理方法，主张采用精神学的方法，亦即把先验方法与心理方法统合起来。人格理论是舍勒思想的关键，他把人当作完整的人格，合身心为一体。人的生命是一个不断发展的过程，人格是行动的中心。进一步来说，爱是人格的基本行动。

观点 2 **价值客观论**。舍勒是价值客观论的代表，对于价值有明确的判断标准和层次划分。舍勒提出五种标准来判断价值的高低，亦即持久性、不可分割性、基础性、深度满足性、非相对性。同时，舍勒也区分了四种层次的价值，由低到高依次是：感官愉快的价值、生命感受的价值、精神品味的价值以及宗教的价值。

观点 3 **四种人格类型**。人格在自我实现的过程中，最后会成就四种价值的类型：最高的是创造神圣的价值，像宗教家、使徒、殉教者等；第二种是文化上有杰出贡献的天才人物，像哲学家、艺术家、立法者等；第三种是英雄的人格类型，像政治家、军事家等；第四种是能够创造物质文明的人格类型，像科学家、经济学家等。人格是一种不断发展的力量，外在的目标有助于内在人格能力的发挥。舍勒提出四种人格类型，旨在说明：人的一生如果努力发展人格的潜能，可能会造成什么结果。

怀特海

(A. N. Whitehead，1861—1947)

英美哲学家。代表作品《过程与实在》。

怀特海是从英国到美国的当代哲学家，他是罗素的老师，开创了过程哲学。怀特海从英国古典经验论的立场，走上了机体论与过程哲学。

观点 1　**机体论**。怀特海的机体论又称为机体机械论，认为自然界不是一个大的机械，而是一个有机体。所谓"机体"是指它具备各种相互作用，能够选择目的，协调发展，对周遭环境做出回应，进而创造新的生机。机体是有生命的组织，生命是一个活动的过程，不断在变迁发展之中。每一样东西都是有机体，整个宇宙亦然。

观点 2　**过程哲学**。怀特海的过程哲学认为，"事件"是构成宇宙万物的最根本元素，是人与宇宙万物合作产生的结果。事件基本上是存在的，它只是不断转变并流逝到更大的事件中；宇宙就是一个大的事件场。怀特海强调：离开过程（事件），就没有实在的东西。任何实在的东西并不是孤立在现象背后的本体，而是处在不断因为某种条件而改变的状态中。

观点 3　**科学出现在西方的原因**。为什么近代科学会在西方出现？怀特海在其著作《科学与现代世界》中提出三项要素：希腊的悲剧、罗马的法律和中世纪的信仰。怀特海认为，上述三项要素连续发展 2000 多年，潜移默化培养出西方人实事求是的心态，他们要追求完全客观超然的自然界的规律。这种心态就是科学心态。

观点 4　**教育观**。怀特海认为，教育的目的是要引发创造力，避免惰性观念。怀特海重视通识教育和专才教育，而且一定要应用。他把小学、中学、大学三个阶段称为浪漫期、精密期和展望期，这种说法很有特色。

观点 5　**宗教观**。怀特海认为，宗教是一种力量，用来清洁我们的内部。他的过程哲学对上帝的看法别出心裁。上帝不能处在过程之外，成为独立的实体；上帝与世界都在过程里面。人类不能缺少上帝，上帝也不能缺少人类，否则双方都无法被理解。

怀特海的学术目标主要有两个方面：一方面要调和西方哲学由来已久的二元对立（从身心对立到科学与宗教的对立），化解科学唯物论的挑战；另一方面，他进一步提出他的价值论：从价值的角度来看，科学求真，宗教求善，最后可以在审美经验中得到统合。他由此提出过程哲学，成为当代哲学的重要学派，目前仍在多方发展之中。

柏格森

(Henri Bergson，1859—1941)

法国哲学家，生命哲学的创始人。代表作品《创造进化论》《道德与宗教的两个来源》。

柏格森在 1927 年获得诺贝尔文学奖，他的思想主旨是想要调和科学与哲学。

观点 1 **创造进化论**。柏格森批评达尔文的进化论，认为进化的路线应该有三个方向，包括物质、生物与人类。人与万物有明显的差别。人作为万物之灵，除了本能之外，还有理智与直观的能力。柏格森认为生命的本质在于创新，生命冲力是宇宙的本体。柏格森的基本立场是反对目的论和机械论，而强调创新的可能性，因为在他看来，宇宙万物的进化表现为不断的创新。

观点 2 **生命哲学**。宇宙万物的基础是充满活力的生命冲力，所以宇宙的生命与个人的生命都在生生不息的变迁发展之中。生命就是意识，人藉由直观能力，可以直接领悟到生命冲力本身。柏格森认为，了解宇宙万物的本质的最好的方法，就是向内去观看自己的内在生命。人类的生命本身就是以整个宇宙作为基础的，所以柏格森的学说被称为"生命哲学"。

观点 3 **绵延的意识**。柏格森思想的关键在于他要掌握意识，把时间当作绵延。我们的意识只能由直观来把握，只能被理解为绵延。意识是对生命的注意，无法由一般的身体状态去掌握。意识就是对自己内在世界的注视，由此充分肯定人的自由，摆脱决定论、唯物论等观念的束缚。

柏格森思想的特色是把理智与直观相对照，进而强调直观的重要性。他认为，直观是生命冲力的纯粹表现。20世纪的许多哲学运动都受到柏格森的启发，另外柏格森还继承法国精神主义的传统，对后期的精神主义与存在主义还产生相当深远的影响。

德日进

(P. T. de Chardin，1881—1955)

法国哲学家。代表作品《人的现象》《神的氛围》。

德日进有明确的宗教身份，又有古生物学、地质学的研究背景。他希望把科学与神学加以协调。

观点 1 **复构意识定律**。德日进把人类的出现作为他的研究核心。德日进的创见在于提出"复构意识定律"，亦即复杂的结构会带来意识的出现。人类的脑容量大，代表神经的结构更为复杂，根据复构意识定律，人类的意识就会跨过"反省的门槛"，出现反省意识，然后发现自己内部生命的特色。

观点 2　**超级位格**。人出现意识后，有了自己的位格。人类是在宇宙进化过程的最后阶段出现的，人类等于是宇宙精神力量或意识的觉醒。人的位格要如何发展？宇宙的未来又在哪里？于是德日进提出"超级位格"的观念，即人群共同组成的社会的和谐表现。人不只是为了自己，也是为了群体。群体合作，并且是所有国家与民族的合作，才可能成功找到人类以及宇宙发展的方向。

观点 3　**科学与宗教可以协调**。德日进认为，上帝创造世界以及世界由进化而来，这两种观点并不矛盾。上帝创造出世界的原始形态，使其充满生命力，这个生命力慢慢地进化，最后出现了人类。德日进的目标不仅是协调创造论与进化论，还要更进一步向未来前进。他一方面接受科学研究的重要启示，另一方面也肯定人的生命有超越科学的部分。他最后说，人类要团结起来，为了地球的永续存在而通力合作。

爱默生
(R. W. Emerson，1803—1882)

美国思想家、文学家，新英格兰先验主义的代表人物。代表作品《论自然》《论美国学者》。

爱默生是美国先验主义的代表人物，也是世界知名的美国文坛领袖，拥有丰富的想象力。

观点　**新英格兰先验主义**。新英格兰先验主义是美国本土早期发展出来的哲学思潮，并不是严格意义的哲学运动，而主要是一种文学现象。他们在知识上有折衷主义的倾向，同时重视人的生命的个体性与感受性，重视想象力胜过理性，肯定创造力优于理论，强调行动优于沉思，认为文化上的最高成就来自于富有创意的艺术家的自主活动。他们受到欧洲浪漫主义运动的启发，显示出多元化、异质化的特色，形成感性的风潮，影响了 19 世纪美国文化生活的各个方面，塑造了美国的心灵。它的代表人物包括爱默生与梭罗。

爱默生不是典型的哲学家，而是偏向直观型的贤者与诗人，他在哲学上受人注意，有两方面原因。他一方面要问：人能否依靠自己的力量，找到他与万物之间的原始关系？人的生命价值能否不靠宗教的启示而得到肯定？

另一方面，他对于西方后起的哲学家有广泛的影响，包括尼采、柏格森、威廉·詹姆斯、杜威等人。

梭罗
(Henry David Thoreau，1817—1862)

美国作家、自然哲学家，美国先验主义的代表人物。代表作品《瓦尔登湖》。

梭罗与爱默生有师承关系，但他并不局限于爱默生的思想范围。

观点　　**自然主义**。梭罗献身写作，并积极探索自然界。对梭罗来说，自然界代表绝对的自由与野生的状态，而社会提供一个仅仅属于市民的自由与文化。自然界与社会并不是辩证的对立面，这两者有真实的对照关系。梭罗强调，一切好的东西都是野生的与自然的。他认为个人与自然界的融合比个人与其他人的关系更为根本。

梭罗对于人类社会有各种批评。梭罗在 1849 年提出"公民不服从运动"，影响了印度的甘地，使他发展出不抵抗主义。

杜威
(John Dewey，1859—1952)

美国著名的哲学家、教育家与心理学家，实用主义的集大成者。代表作品《哲学的改造》《经验与自然》。

杜威早期服膺德国唯心论，后逐渐摆脱转而欣赏英国经验主义的多元论。这也是美国实用主义的共同立场。同时，他趋向于自然主义，他注意到人类学及生物学的角度，由此说明经验的有机性格。

观点 1　　**经验是工具和方法**。杜威提出关于经验的新观点，目的是摆脱英国古典经验主义的僵化看法。经验是主体与环境之间有意义的交互作用。在经验中，万物在根本上相互关联，经验与自然界之间也没有断裂的问题。杜威认为，经验是一种工具，甚至是一种方法，可以指向未来，它意图对结果和成效做选择性的控制。杜威把经验当作方法，再将其进一步运用到教育与生活当中，形成杜威的工具主义。

观点 2　**哲学都是教育哲学**。教育就是连续不断地对经验的重新建构。在这个过程中，不成熟的经验会朝向基于理性的技巧与习惯所形成的经验。教育哲学就是探讨教育本身是怎么回事，以及如何在教育过程中成就一个人真正的生命价值。"边做边学"是杜威的一句名言，他设计了许多环境条件，要培养孩子良好的习惯与气质，使其孕育出公平的心态、客观性与想象力。

观点 3　**改良主义**。杜威认为，人的生活不能脱离处境，因此随时都会出现内心的冲突，要求做出判断、抉择并付诸行动。所以，人的道德生活永远不会结束。不管你的道德修养如何，所达成的目的转而又变成一个手段，朝向新的目的前进。这就是杜威所谓的改良主义。杜威的改良主义强调，完美并非最终目标，人生是不断趋于成熟完善、精益求精的持续过程。

观点 4　**哲学的功能**。杜威强调，哲学既要依赖它的原生背景与特定的文化，又要努力超越，所以应该具有批判性思维，重新建构一个观念系统。哲学最主要的工作就是"重新建构"。每个时代的哲学都要根据过去的启发，面对当前的挑战，重新建构新的观念。要有想象力，勇于思考，信任新的观念，以免困于具体的事实状态中。杜威希望哲学家保持谦虚的态度，并勇于实践，这样才能对同代人有所贡献。

杜威的思想非常贴近美国社会的现实需求，也能很好地配合人的实际生活状况。其中没有过多的理想色彩，却非常具体和实用，他的思想因此被认为是实用主义、工具主义或是改良主义。

桑塔亚纳

(George Santayana，1863—1952)

美国哲学家。代表作品《怀疑主义与动物信仰》《理性的生活》。

观点 1　**怀疑主义**。桑塔亚纳认为，唯心论怀疑主义对外在世界的存在提出质疑，显示了"本质"是首要的与不可争辩的存在模式。桑塔亚纳认为唯心论是对的，但是不具有任何重大影响，因为同样也可以对心提出怀疑，事实上所谓的"本质"是经过心理抽象的结果，我们看外在的世界都是事物与事件，不可能只看到纯粹抽象的本质。桑塔亚纳又回归了现实世界。

观点 2　**动物信仰**。动物信仰就是本能的信仰，不需要学习任何哲学，就直接认定这个世界是实际存在的世界。我在其中生活，可以不断学习与成长，使自己的生命展现出丰富的内涵。桑塔亚纳认为，要超越对于本质的直观，才可以真正掌握到存在，那是一个充满事物与事件的世界。

桑塔亚纳比较接近古希腊与古印度的思想。在西方近代哲学家之中，他只推崇斯宾诺莎。他宣称自己是唯物论与自然主义，认为宗教是人类想象的美好结晶，对人的道德有提升作用。他喜欢天主教的美更胜于它所宣示的真理。

罗素
(Bertrand Russell，1872—1970)

西方当代重要的哲学家。代表作《密契主义与逻辑》《西方哲学史》《数学原理》等。

罗素的哲学没有完整的系统，但他有很强的批判力，对所有重要的哲学问题都进行过讨论和批判。

观点 1   **哲学家都是失败者**。罗素的哲学有三个重点：一、哲学都是副产品；二、哲学家都是失败者；三、证明一个哲学问题无法解决，就是解决了这个哲学问题；分析哲学问题，最好的方法是从结果开始，然后推到前提。罗素认为这是归纳法的本质。

观点 2   **数学就是罗素的神**。罗素一生都在追求与个人无关的客观真理，数学是最标准的答案。他认为，数学中有永恒的真理、绝对的知识与至高无上的美。罗素与他的老师怀特海合著的《数学原理》成为当时的经典之作，书中探讨了逻辑与数学的关系。罗素好像一辈子都没有超出他所热爱的数学的范畴。

观点 3   **批判密契主义**。罗素总结了密契主义的四个特点：密契主义依靠直观顿悟；把一切看作一个整体；否定时间与变化；认为恶善都只是一种表象。罗素认为自己作为哲学家应该调和哲学与密契主义，他对密契主义的上述四点特色依序做出了评论。罗素认为理性的推论是可靠、普遍而客观的；密契主义者的说法涉及个人的信念与希望，有许多是无法证实的。

观点 4   **道德争议**。在伦理学争论中，常常要针对方法，而不是针对目的。罗素认为，你无法证明任何东西有内在本具的价值，你只能找出各种方法为他证明，他缺少了大多数人所拥有的区别能力。但是在价值方面，并没有这样的证明方法。人在价值上的不同观点是由于口味不同所造成，并没有所谓的客观真理。罗素认为，我们真正需要的还是理性。

观点 5　　**宗教批判。** 罗素对宗教的批判是公开而明确的，他公开反对宗教，认为宗教最后会消灭。罗素认为，没有宗教，人才会行善。他还强调宗教信仰带来的坏处，他说："重要的不是你信什么，而是你如何信。"

罗素精彩的一生长达 98 年，78 岁时 (1950 年) 获得诺贝尔文学奖。他承认自己的一生有三个狂热：第一是对爱情的需求；第二是对知识的渴望；第三是对人类苦难的同情。他对知识的渴望表现得最为明显，对人类苦难的同情也受到世人普遍的推崇；至于对爱情的需求，则是他个人要去面对的挑战。

维特根斯坦
(Ludwig Wittgenstein，1889—1951)

20 世纪最特立独行的哲学家。代表作品《逻辑哲学论》《哲学研究》。

人类必须使用语言去思考和沟通，语言不能脱离特定的社会与使用的人，因此有明显的限制。维特根斯坦从语言入手，认为自己解决了所有的哲学问题。

观点 1　　**世界是实际情况的全体。** "实际情况"一般称为"实况"，它与所谓的"事物"不同。经过抽象之后的概念其实并不存在，语言所表达的应该是实际情况。我们说的语句是实况的图像，而实况是语句的对象。语句可以重复实况的逻辑结构，因为世界与语句之间有共同的逻辑形式。所以维特根斯坦说："只要能被思考的，就可以被清楚地思考；只要能被说出的，就可以被清楚地说出。"另外还有不能说出的，对其要保持缄默。那反而是真正重要的，属于难以理解的"神秘事物"。

观点 2　　**哲学是语言治疗。** 维特根斯坦认为，现有的语言是人类原本有如此思考的倾向所造成的，所有人倾向于从语言图像中产生虚幻的本质。哲学就是对抗语言蛊惑知识的一场战斗。维特根斯坦将哲学当作治疗方法，用"描述"来治疗幻象。他要描述催眠我们的图像，使我们看出它们无法应用，试图由此破解约定俗成的幻象，进而了解差异。

观点 3　　**家族相似性。** 字词的多重意义之间具有一定的相似性，就像一个家族成员之间具有相似性一样。只因为字词在外表上是一样的，我们就假定它们指涉的是我们试图定义的某种本质或理想的实体，这就是被语言所蛊惑。维特根斯坦要打破这种思维惯性。我们可以举出这些相似性，但不会想去定义它们，因为它们之间没有明显的界限可供区分，它们属于同一个家族。这就是维特根斯坦所谓的"家族相似性"。你可以用这种方式来取代一般人对概念的本质的理解。

维特根斯坦被罗素称是天才的典型，他对人生问题的许多思考超出罗素的想象。他对英美世界产生快速而明显的影响，他在哲学上没有成立特定的学派，影响了当时正在发展的逻辑实证论和语言分析学派。

卡西勒
(Ernst Cassirer，1874—1945)

德国哲学家，新康德主义马堡学派的重要代表。代表作品《符号形式的哲学》《论人》。

卡西勒通过文学和语言学的训练，进而研究哲学。卡西勒对于语言的观点与整个哲学的建构比维特根斯坦更成体系。维特根斯坦对语言的说法会让我们觉得受到很大的拘束，卡西勒则可以帮助我们摆脱这样的困境。

观点1 **符号形式。**卡西勒认为，人是符号的动物或使用符号的动物。卡西勒要通过各种符号形式的特殊性格与结构去研究文化，并试图依此了解人性。人的意识在运作时，底层结构是长存不改的，就像康德所说的形式、概念、范畴，它们并非反映客观世界，而是建构那个客观世界的基础。人不仅受外界丰富的印象所吸引，还能以确定的形式加在这些印象上，再加以掌握。人所使用的形式，分析到最后，乃是由思想的、感觉的、意愿的主体本身所衍生出来的。这就是他的符号形式理论的基础。

观点2 **文化哲学。**卡西勒认为，能定义并且确定人的特殊性格与显著标记的，并非形而上的或物理上的本性，而是人的工作，就是人类各种活动的系统。科学符号所建构的是客观世界，神话图案所建构的是神话及宗教的世界，日常语言所建构的是常识的世界。卡西勒要探讨的是人类整个文化的哲学，卡西勒的文化哲学始终把语言、神话、宗教、艺术、科学与历史这六大范畴当作重点。

观点3 **论语言。**卡西勒认为，动物只能使用记号甚至学会使用工具，但只有人可以使用符号，进入到语言的层次，也就是进入到人类意义世界的部分。所以，符号的作用不限于特定情况，它可以普遍使用，涵盖人类思想的整个领域。

卡西勒在哲学上属于新康德学派，他采用先验的方法，最主要的工作是发展及修正康德的批判哲学。他与康德最大的差异是：把康德提出的人的认识能力的静态结构，转换成动态的发展过程，从中找出符号的关键作用。

罗尔斯
(John Rawls，1921— 2002)

20 世纪后半期美国最重要的哲学家。代表作品《正义论》。

罗尔斯的立场是回归到重视实质内容的规范伦理学，他的著作主要说明社会正义在理论、制度及目的方面应该如何安排。

观点 1 **作为公平的正义**。社会的基本结构对人的生活远景有很大影响，决定人生活远景的因素包括政治体制、经济及社会条件、个人的社会地位，以及天生的禀赋等。一个社会必须有一套制度让每个人都觉得公平。罗尔斯强调，所谓正义就是指公平而言，就是要设法对这些不平等加以制约和调节，以减少不平等对人生活远景的过分影响。

观点 2 **正义的原则**。第一个原则是最大的均等的自由原则：自由与机会、收入与财富、自尊的基础，这三种社会价值人人平等。第二个原则是"差别原则"：使社会上的弱势成员获得最大的利益；所有职位与工作对所有人都是开放的，这称为"公平的机会均等原则"。

观点 3 **无知之幕**。罗尔斯提出，社会制度要在"无知之幕"后面进行设计，完全不知道谁有什么情况，任何人都不会因为自然的或社会的偶然因素而得利或受害。这样设计出来的制度才有真正的公平可言。"无知之幕"的首要特征是对利害的无知，必须为所有人做选择，而不能考虑特殊情况；第二个特征是人的理性超然运作，不受任何干扰。

观点 4 **正义与善的优先性**。罗尔斯认为，善是在正义原则的约束之下，对人生价值做合理安排的生活计划。最基本、最重要的善是自尊的善，亦即每个人对自己的价值与能力的自信。如果没有"作为公平的正义"，则不可能实现这样的目标。每个人都会有自律的表现，自律来自于对自己同意的原则的理解与接受。自律与社会规范并没有矛盾，正义与善是一致的，也与社会的共同善连在一起，一个人不能损人利己、损社会利个人。世人按照正义的原则进行选择和行动，自然就会与善相配合。这是罗尔斯《正义论》的基本观点。

《正义论》继承并提升了欧洲社会契约论的思想，即从英国的洛克、法国的卢梭到德国的康德所推展的社会契约论。

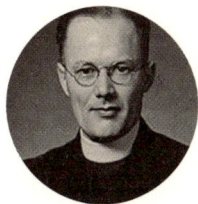

郎尼根
(Bernard J. F. Lonergan，1904—1984)

加拿大哲学家，新经院哲学的代表。代表作品《洞察》《神学方法》。

新经院哲学的思想特色是：要了解完整的人性需求，建立人与超越界之间的关系。

观点 1　**认知的四个层次**。郎尼根特别探讨人的认知活动，找到认知的四个层次：从**经验**开始，经过**理解**，进行**判断**，最后是**抉择**。认知不是纯粹的逻辑分辨。

观点 2　**认知的四个要求**。认知有四种要求，即**系统要求**、**批判要求**、**道德要求**以及**超越要求**。人总希望系统地了解事物的本质、意义与分类；接着进行批判，印证它是否真实可靠；进而到实践的层次，要求道德行为；最后要求超越，总希望知道一切的一切，追求存在本身。

观点 3　**认知的三种转向**。**知性的转向**就是从有限的进入到无限的领域，探讨整个宇宙与人生的意义；**道德的转向**就是从知到行知行配合，随着认知与实践不断提升道德水平；**宗教的转向**是要追求绝对无限的存在本身，与至高境界冥合，达到生命的彻底转化与圣化。

郎尼根作为新经院哲学家代表，主要特色是从认知着手，推出道德与宗教的所有内容。

施莱尔马赫
(F. D. E. Schleiermacher，1768—1834)

德国神学家、哲学家，诠释学第三阶段代表人物。代表作品《基督教信仰》。

施莱尔马赫把诠释学作为一种语言学理论的学问，被称为现代诠释学之父。

观点	**诠释学作为一种理解的艺术**。施莱尔马赫在宗教哲学领域有突出的成就，他开始将诠释学当作有关理解的一门"学问"或"艺术"，要研究理解本身，等于是对诠释学加以定性，使之成为描述一切对话中理解之条件的学问，要用诠释学来帮助众人理解。

施莱尔马赫认为，理解的技术包括语法理解和心理学理解，心理学理解才是正确理解的根本。理解者之所以能够获得正确理解，在于获得同被理解者一样的心理学体验。

狄尔泰

(Wilhelm Dilthey，1833—1911)

德国哲学家、心理学家等，诠释学第四阶段代表人物。

狄尔泰进一步将诠释学当作人文科学的方法学。

观点	**"说明"不是"解释"**。狄尔泰认为，诠释学是一切人文科学的基础。他认为自然科学所做的是"说明"，人文科学所做的是"解释"。"解释"牵涉到个人对人生意义的认知与体验，明显具有主观性，这与自然科学的客观"说明"有本质上的不同。因此，不能要求人文科学以自然科学为标准。

狄尔泰强调历史理解，历史理解与探讨自然界完全不同，它牵涉到个人对人的意义所拥有的知识，而这种意义不能脱离历史发展的背景。所以他又被称为历史哲学家。

伽达默尔

(Hans-Georg Gadamer，1900—2002)

德国哲学家，20世纪最重要的诠释学代表。代表作品《真理与方法》。

伽达默尔是海德格尔的学生，他继承并引申海德格尔的观点说，人的存在基本上就是理解，探讨理解的性质就是探讨人的存在，因此哲学诠释学就是探讨人的存在性的存在学。

观点 1	**存在是真理的基础**。伽达默尔认为，存在是真理的基础，真理是去蔽与揭示，亦即去除遮蔽，并揭示开来。伽达默尔接续海德格尔的思想，从本体论（存在本身）

的角度探讨真理，将真理同艺术、历史与语言相连，使真理从封闭的科学领域走向"理解"与生活世界，也走向了理性与实践。

观点 2 **艺术的核心是游戏**。伽达默尔通向真理的"非方法的途径"首先就是艺术观，艺术是一种传达真理的认识和开显真理的方法。伽达默尔艺术观里最核心的观念就是"游戏"，游戏会带来主客之间的融合，游戏本身超越主客观。游戏的主体不是游戏者，而是游戏本身的来回运动。游戏的存在方式是它的自我表现，但它需要观赏者，游戏本身是游戏者与观赏者所组成的整体。由此说明艺术作品的真理具有"参与"的特性：如果没有人参与，真理不可能开显。这种参与以对话的方式揭示真理与意义。所以，真理的参与性是无休无止的，而艺术是过去与现在之间的沟通渠道。

观点 3 **语言是存在的开显**。真正的历史对象并非主客对立的对象，而是一种主客合一的关系。历史偏见并非缺点，它是作为真理的条件出现的。带有偏见的人通过视野的相互寻找与融合，才会有具体的历史观。艺术与历史是理解的两种模式，两者最终会统合在语言里。语言是人类存在的唯一模式；脱离语言，人的存在将无法被理解。因此，语言就是世界观，能被理解的存在就是语言，语言是存在的开显。真理就像存在一样，恒在开显之中。

伽达默尔在其代表作《真理与方法》中指出，人在探讨方法时，可能会局限于科学时代的观念。他对科学时代的处境进行反思，特别从方法的角度着眼，要找到通往真理的"非方法的途径"。

利科

(Paul Ricoeur, 1913—2005)

法国哲学家，法国诠释学第六阶段的代表人物。代表作品《意志哲学》《论解释》等。

利科将诠释学用在文化领域上，要以诠释学掌握神话与符号中隐含的意义。利科的目标是要恢复文本的意义。

观点 1 **释自由**。利科在其代表作《意志哲学》中谈到人的自由问题。自由是一种有限制的无限性，它是不可分割的存在能力，也是被规定的存在方式。人是自由的，但又不得不接受无意识中的要求。有生命才有自由，这是人的奥秘之一。

観点2 **他人是另一个自我**。我的身体对我来说具有原始的他性，我由身体可以与世界建立关系；他人就是我的身体所面对的另外一个自我，由此可与他人进行人际互动；自我的内在还有良心，良心等于是自我与真实自我之间的交会之处。这是从自性延伸出他性，再从他性回过头来了解自性的过程。

観点3 **恶是缺陷或过失**。人可以自由选择要做自己还是不做自己，因此人有犯错的可能性，人的可错性使人有可能产生恶，在机缘、源头与能力方面皆是如此，由此可以过渡到真正去犯错。"原罪"其实是指罪的来源，以及最原始的缺陷或过失，而不是真正法律意义上的罪。

観点4 **神话的意义**。神话是过去形成的，其中有丰富的符号与象征。破除神秘的学者要摧毁神话的面具与幻象；解消神话的学者把符号或文献当作通往神圣实在界的窗户。利科要对神话中的符号做出新的诠释，不把神话当作历史的叙述或对世界的客观认识，而要使符号或文献中的隐藏意义恢复开显，帮助我们更了解人性以及人类世界。

利科的任务是藉由语言来讲述，广泛阅读文学、哲学与神学的作品，再综合提出自己的"自我的诠释学"，使诠释学有了进一步的发展。

哈贝马斯

(Ju　rgen Habermas，1929—至今)

德国当代哲学家，交往行为理论的开创者。代表作品《公共领域的结构变化》《交往行为理论》等。

哈贝马斯是德国法兰克福学派的第二代主将，他是从批判理论过渡到沟通理论的代表人物。

観点1 **沟通需要化解意识形态**。哈贝马斯认为，自主而合理的沟通情境是极为重要的，它会影响个人的自我了解与自我成长。而意识形态是每个社会都难免出现的观念系统，社会成员会受到意识形态的约束而未必察觉。他用心理治疗的过程来加以说明，人需要通过沟通来化解意识形态的束缚。对于意识形态的批判和解消，并不是用新的意识形态来取代原有的被认为虚伪的意识形态；而是要先肯定人可以进行自我反省，并能够与别人进行自主和谐又毫无宰制的沟通。

観点2 **理想的言说情境**。哈贝马斯认为，为了避免语言沟通可能产生的误会，理想的沟通情境就是：双方有平等的机会可以发言；你的说法要接受对方的检讨与批评；要尽量说清楚自己的意图以便互相了解；双方都可以使用规范性的言词，不能只是单方面使用；言说的目的是让人可以用理性、自主的态度，进行负责的思考与沟通，从而摆脱不必要的意识形态。

观点 3　**有效沟通的语言。**哈贝马斯提出沟通理论，认为有效沟通的语言需要四个条件：可理解性、真实性、真诚性和适当性。只有配合别人的理解程度，才能进行有效的沟通。

哈贝马斯曾在哲学界引领风骚，他的主要贡献是继承批判理论，接着发展出沟通理论。他认为，理性的人不能缺少历史意识或脱离社会互动的情境，批判理论使人得以反省及超越各种意识形态，沟通理论则可以进一步化解不同利益阶级之间的障碍，由此促成更和谐的社会关系。

列维-斯特劳斯

(Claude Levi-Strauss，1908—2009)

人类学家，法国结构主义的代表人物。代表作品《结构人类学》等。

法国结构主义的代表是人类学家列维 - 斯特劳斯，他在哲学界受到广泛关注。尤其是他有效遏止萨特式存在主义在法国的蔓延，更让人印象深刻。

观点　**结构主义。**任何东西都有结构，人的世界也不例外。所谓"结构"不只是某些元素及其特质的聚合体，而是具有整体性的一种组织，它自身可以移形转化及自动调节。所谓"移形转化"，就是形状、外表会改变，本身也会自动调节逐渐转化，但是它本身拥有基本的结构，无论怎么发展都不会变成其他东西。

存在主义盛行时，强调自由抉择与变化发展；结构主义则强调任何东西的存在和发展都不能脱离其原有的基本结构。结构主义是一种方法，这种方法首先应用于心理分析学、语言学、社会学以及人类学，后来延伸到其他知识领域。

福柯
(Michel Foucault，1926—1984)

法国哲学家、社会思想家。代表作品《疯癫与文明》《知识考古学》《道德的谱系》等。

福柯在哲学界的学术背景相当扎实，他以考古学与系谱学作为哲学研究的方法，大力批判结构主义。

观点 1　**知识考古学**。福柯批判传统历史学的线性思维，指出历史上有许多间断性与突变性的事件，间断性要胜过历史性；传统历史学关于人类知识具有整体性、连续性、起源性的说法也是出于误会。同时，福柯也放弃人类学的探讨，亦即结构主义者列维 - 斯特劳斯的做法。福柯指出，历史主义颠倒了历史学与考古学的关系，应该把历史学还原为考古学，这样才能消除理念方面的成见，从而展露真正的基础。他的口号是"回到文物本身"。他的知识考古学是要反对结构主义，化解结构主义的观点。

观点 2　**系谱学**。系谱学是要探讨事物的起源与演变的过程，目的是重新评估人类及其价值观。知识考古学的对象是知识，系谱学的对象则是权力与道德。福柯系谱学时期的主要特色在于，批判欧洲传统的追求起源的思想，所谓的起源只是一种幻想。福柯是反起源、反连续性、反渐变、反线性发展、反总体的。他认为，深刻之物就是表面所见之物，本质就等于显示的现象。

福柯由于个人生命的特殊遭遇而颠覆传统，特别探讨一般人很少接触的领域，像疯狂、同性恋等议题。福柯认为自己的工作是要重新展现科学史、认识史与人文知识中的无意识历史，他要站在人的意识和理性的对立面，来重新思考历史。

德里达
(Jacques Derrida，1930—2004)

法国解构主义的代表人物。代表作品《写作与差异》《论文字学》《播撒》。

德里达总结前面哲学的发展，明确提出解构主义。德里达要破坏传统形而上学思考的基础，瓦解它对合理性的追求，写作的策略是脱轨的沟通与不可确定性。

观点 1　**言说与书写都不确定**。德里达比较言说与书写的优劣。文本的书写者不在眼前甚至早已去世，因此书写的内容可能会与你的实际生活相脱节，由此造成不确定。言说比书写更接近思想，但现场直接沟通所说的话与其内涵之间必然会有差异，无差异则无法辨认事物。所有的语言都受到不确定性的影响，由此颠覆了西方的形而上学。

观点 2　**终结文化**。文化都是由书写所形成的经典文本，德里达要重新改写文本，他强调三点：文本之外无物存在；并无文本所表现的意义世界；文字只是不断活动及变化着的游戏。德里达由此认为，能揭示存在意义与真理的哲学是不可能存在的，无论怎样努力阅读，也无法与传统相接续。这使德里达的哲学成为"无根的哲学"，从而陷入虚无主义。

观点 3　**解构主义**。德里达是解构主义的代表人物，认为一切都不确定。解构主义就是要破解结构，原来以为一切都来自于一个共同的架构、组织或系统，现在要全部解消掉。"解构"坚持在形而上学二元对立的模式之间游走，将我们曾经接受的一切都加以质疑，这种立场与当前所流行的"后现代主义"不谋而合。现在，所有依理性而建构的价值与观念都成了问题。

从维特根斯坦开始，认定人受制于语言，语言只能表达人所能掌握的有限事物，只能在语言用户本身有限范围内发展。这使沟通陷入根本的困难。形而上学想要找到万物的共同来源与基础，但通过言说无法达成目的，通过书写则更为遥远。这就是解构主义的立场。

神话研究的 "铁三角"

　　哲学是爱智慧，智慧要求完整而根本的理解，因此不能忽略人类最早的情况，要了解当时的宇宙观与人生观。20 世纪中叶，西方出现研究神话与仪式的风潮，心理学家荣格、神话学家坎贝尔以及宗教学家伊利亚德是三位代表人物，被称为神话研究的"铁三角"。

荣格

(Carl Gustav Jung，1875—1961)

瑞士心理学家、精神病学家，首创分析心理学。代表作品《人类及其象征》等。

荣格对心理学的研究达到某种普遍性，他要帮助众人恢复已失去的完整人格，强化人的精神能力，以防御未来可能的分裂。

观点　**集体无意识**。荣格认为人的精神有三个层次：意识、个人无意识与集体无意识。荣格特别提出"集体无意识"，强调"集体无意识"的内容从未在意识中出现，它不是来自个人的经验，而是通过遗传而存在的。个人与种族的过去有所连接，人由遗传继承了种族意象，决定了某种先天倾向或潜在可能性，会采取与祖先相同的方式来把握及响应世界。

每个人心中的集体无意识的内容就称为"原型"（原始意象的形式）。妥善把握梦境象征，会触及人类的部分原型。荣格指出，人类的历史就是不断寻找更好的梦境象征，以尽可能实现其原型的过程。

坎贝尔

(Joseph Campbell，1904—1987)

美国神话学家。代表作品《千面英雄》《神话的力量》。

坎贝尔探讨人类文化中宗教信仰的共同点和神话的共性作用，仔细研究世界各地文学和民间传说中的神话原型，并概括出几个重要的神话原型。

观点　**英雄三部曲**。神话无异于民族的梦与个人潜意识的愿望。对于英雄神话，坎贝尔提出"英雄三部曲"，即退出、考验与复返。首先是"退出"，要脱离自己的原生社会，脱离舒适区，进入到一个陌生领域；然后接受各种挑战和"考验"；最后能成功"复返"，安全归来，这样才能成为英雄。

伊利亚德

(Mircea Eliade，1907—1986)

宗教史家，罗马尼亚文化复兴运动的领军人物。主编《宗教百科全书》，代表作品《宗教与历史》。

宗教学家伊利亚德对于各大宗教（尤其是原始宗教）的历史与内容进行深入研究，研究范围几乎涵盖人类全部的精神领域，成为当代宗教史的权威。

观点 1   **宗教人**。伊利亚德特别提出"宗教人"的概念，指拥有宗教的情感、虔诚及慧根之人，即所谓的"初民"。初民就是处在最初状态的人，我们的祖先也曾处于这样的状态中。宗教人认为世界是非同质的，某些特定的时间、空间、人物或精神状态能够代表神明的启示。

观点 2   **反历史**。伊利亚德研究神话的目的是要反对一般人的历史观，这是他的重要立场。他对黑格尔的历史观提出质疑，希望藉此摆脱历史造成的恐怖与灾难，重新寻回生命的意义。伊利亚德说，要忽略历史对人的存在有某种形而上的安定作用，因为历史充满恐怖的事实；而正是由于神话里的反历史原则，才使得人能够忍受历史的重大压力而没有绝望或是自杀，没有陷入相对主义或是虚无主义的历史观而让精神枯萎。

观点 3   **时间观**。伊利亚德把时间分为神圣的与世俗的，简称"圣时"与"俗时"。俗时没有重新开始的机会，圣时可以周期性循环。圣时具有特殊的意义，对于宇宙或整个人类来说，最神圣的时间莫过于新年，新年是宇宙的生日。初民的生活只是不断重复原型事迹、重复太初的神话，就等于让神明重新创造这个世界，从而不会沾染到时间的负担，永远生活在现在。初民的责任感是参与了造化的伟业，认清了宇宙万物的起源与终向，从而恢复自己的理想人性。

观点 4   **空间观**。空间也分为世俗之地与神圣之地。"圣地"蒙受存在本身的显示，展现为充满秩序的宇宙；"俗地"形同虚无，一直陷于混沌暧昧的变动之中，最后归于毁灭。各民族创世神话所描写的，都是从混沌演变出宇宙的分离过程。初民的空间观具有四个概念：基点、定位、中心、通道。圣地作为绝对存在的显示，成为一个充满生命活力的基点；基点使初民的存在有了重心与定位；基点与定位界定了宇宙的中心，宇宙的创造由中心开始；中心成为沟通圣界与凡界的通道。

　中心观。中心是最显赫的圣地，是绝对实在之地，是天、地与地下三界的交会之所。此外，绝对实在的象征还包括生命及不死之树、青春之泉等，它们都位于中心之地。有了中心，才能肯定存在与价值。通往中心的路是非常艰难的，它是一个人的修行之路，中间要历经重重考验。这是初民存在论的特色，也是他们对存在本身的乡愁最具体的表现。圣界使人意识到生命的来源，由此保障了生命的实在性、力量与存在意义。

观点 6　**生死观**。初民生活在开放而透明的世界中，他本身的存在也总是对着世界开放：既能与神明沟通，也能够参与世界的造化；他不是封闭的，而是能够领悟宇宙的信息、不断向上提升。提升的目的是要追求自由，死亡则是通往自由乐土的通道。对于初民而言，他必须死于自然的生命，才能重生于更高层次的生命。

伊利亚德认为，柏拉图的理型论就是初民所依靠的原始典型，加上一种哲学的普遍性与有效性。我们生活中的所有重要举动，都是诸神或英雄在原初时所启示的，我们只是在不停地重复这些典范而已。

列维纳斯

(Emmanuel Le　vinas，1906—1995)

法国哲学家，师从胡塞尔，20 世纪欧洲最伟大的伦理学家。代表作品《全体性与无限性》。

西方传统的形而上学为了追求整体性或全体性，把"他者"化约为"同一者"，即把别人当作相对的自我，因而忽略了差异性；列维纳斯的哲学就是要试图保护"他者"免受同一性所侵害。

观点 1　**他者的面貌**。他者不是第二个我，而是我所不是的。他者的唯一内容就是他的相异性或差异性。我与他者的关系不是融合，而是"面对面"，他者显示不同的"面貌"。面貌变成一种外在的无限，只有面貌向我呈现的时候，我才能与他者发生真正的关系。他者对我来说，代表了无限的可能性而不是全体一致的同一性，代表他者与我完全不同。

观点 2　**伦理学是第一哲学**。列维纳斯依循康德论证上帝存在的路线，要通过道德实践去肯定伦理要求，并把人与人的关系当作我们同上帝（存在本身）交往的前提条件，因而把伦理学作为第一哲学，每个人都要为一切人负责。

观点 3　**自我与他者的关系**。伦理学探讨的是自我与他者的关系，他者显示给我的就是"面貌"。他者的面貌本身就禁止谋害他，并且要求正义的对待。我们看到的每一张脸都对我们有某种要求，它主动提出要求，让我去响应。他者与我断裂，但又对我显示了无限的要求。这样的他者绝对不可化约为自我，因为他是一个完全外在的、超过我的范围的生命。他者是向自我指派责任的绝对主动者，提醒我必须要负起责任。

观点 4   **上帝作为绝对的他者。**上帝显示自身是作为一种踪迹，上帝的踪迹无处不在，他通过每一张脸的每一种表情来告诉我们，应该如何建立适当的伦理关系。只有通过人与人的伦理关系去谈上帝才有意义。上帝作为绝对的他者，是世间所有人背后的支持力量。他者的面貌也显示了上帝的踪迹，人的思想、感受、体验、觉悟，随时都会闪现某种永恒的光彩。因此，对人不能设限，由此显示为一种无限可能性的伦理学。

列维纳斯特别强调，西方哲学根本上的困难是忽略了他者的差异性与无限性。他认为伦理学是第一哲学，他的哲学始终将伦理学摆在最优先的位置。

永恒哲学

西方哲学发展了 2600 多年，可谓众说纷纭，莫衷一是，但西方有一种永恒哲学的观念。人只要爱智慧，用理性去探讨真理，就必然会导向一个基本的哲学框架，可称之为永恒哲学。"永恒哲学"一词最早由近代德国学者莱布尼茨提出。阿道斯·赫胥黎与赫尔德曾经合著《永恒的哲学》一书，提出永恒哲学的内容主要包括三点：形而上学、人性论和伦理学。各种传统都不约而同地显示出对永恒哲学的肯定。后来，美国学者休斯顿·史密斯出版了一本著作叫《超越后现代心灵》，提出永恒哲学的构想，直接针对西方哲学在认识论上的困境做出全面反省，目标是将许多西方哲学家的建构整合起来。

观点 1 **层级结构**。在建构永恒哲学的形而上学时，一定会涉及到"层级结构"。所谓"层级结构"是指，宇宙万物可分为不同的范畴，这些范畴有一种从低到高的排列秩序。我们可以简单地将宇宙万物划分为四个层次：最下层是物质，然后是生命，接着是意识，最上层是精神。这四个层次由下往上，形成一个层级结构。

观点 2 **永恒哲学的形而上学**。永恒哲学的形而上学具有五点特色：一、包容一切，完整而无漏。只要是存在之物，都被包含在其中。二、各有定位，不能越位。任何东西都不能超出所属的层次，否则就会造成混淆。三、永远开放。你可以有个人的信念，但永远要向着更好的信念开放。四、精进不已。提升超越永无止境。五、一切即一。第一点"包容一切"代表"一即一切"，最后则是"一切即一"。

观点 3 **永恒哲学的人性论**。只要探讨人的生命结构，就会发现人性里最特别的是：人有灵魂，它与神圣的实在界是相似、相通的。人的生命有一种明显的二元性：一个是被动的我，一个是主动的我。被动的"我"一定生活在特定的时代与社会，明显是被限定的，要经常做出选择，并为此承担责任。主动的"我"是超限定的，可以进行自由的思考、修行与抉择。这个超限定的"我"可被称为"精神"。内在性与超越性两者兼顾，才能说明人的生命的真实状况。人的生命的二元性清楚指出人应该如何选择。

观点 4 **永恒哲学的伦理学**。真正的哲学除了需要脑力训练之外，绝不能忽略人的生命的全方位与最根本的需求。所以，永恒哲学的伦理学（或称为永恒的伦理学）可以浓缩为三个德目：谦卑、仁慈与真知。所谓"谦卑"，就是以看待他人的眼光来看待自己。所谓"仁慈"，就是以看待自己的眼光去看待他人。所谓"真知"，一定需要知与行的配合。

哲学就是爱智慧，智慧是完整而根本的理解。为了获得完整而根本的理解，哲学在运作上会表现出三点特征：澄清概念、设定判准与建构系统。前两者都涉及了认识论的问题。只有澄清概念，才能与别人进行有效沟通；只有设定判准，才能使沟通顺利进展。最后的关键在于建构系统，形成"2+1"的格局，对自然界与人类做出完整的思考，进而找到它的来源与归宿，即最后的"1"。这是西方哲学给我们的启发。

另外，可以用三句话来描述哲学：培养智慧、发现真理、验证价值。"培养智慧"要分辨信息、知识与智慧的不同。"发现真理"要重视认识的过程，不能忽略人有理性这一点。"验证价值"则牵涉到实践。这三者其实是不可分割的整体。

傅佩荣

当代著名哲学家。1950年生，祖籍上海，台湾大学哲学系教授。历任台湾大学哲学系主任兼研究所所长，比利时鲁汶大学、荷兰莱顿大学讲座教授。早年师从哲学大家方东美先生，后于耶鲁大学深造，受教于余英时先生，继而执教欧洲。

曾在央视"百家讲坛"讲授《孟子的智慧》；凤凰卫视主讲《国学的天空》；山东卫视"新杏坛"任首席主讲人。曾被台湾地区《民生报》评选为大学最热门教授；台湾地区最高文艺奖得主。近年来在"得到APP"开设《傅佩荣的西方哲学课》；在"喜马拉雅APP"开设《道德经》《易经》《庄子》等精讲课程。傅教授态度真诚，语言幽默，说理清晰，能使听者不倦、相悦以解，从而将国学讲得生动又贴近人心，为当代人提供了阅读国学原典的简易方法。

傅教授兼具中西文化之深厚学养，以哲学建构和逻辑分析的眼光，站在中西文化的制高点上诠释中国传统经典的现代意义，搭建起东西方思想的桥梁，视野辽阔深远，堪称中西文化之摆渡者，在当今学术界享有盛名。

傅教授潜心研究传统经典五十年，撇开成见和定论，多有建树。目前已出版《哲学与人生》《国学的天空》《易经入门》《国学与人生》《四大圣哲》，傅佩荣解读经典系列、傅佩荣详说经典系列等图书逾百种。